SV
international
SCHWEIZER
VERLAGSHAUS

Louis Haefliger heute.

Alphons Matt

Einer aus dem Dunkel

Die Befreiung des Konzentrationslagers Mauthausen durch den Bankbeamten H.

SV international
Schweizer Verlagshaus
Zürich

Schutzumschlag: Heinz von Arx, Zürich
Satz: Typobauer, Ostfildern
Druck und Bindung: Wiener Verlag, Himberg bei Wien
Printed in Austria

ISBN 3 7263 6574 5

Inhalt

Vorwort

Louis Haefliger, der in diesem Buch die Hauptrolle spielt, habe ich am 8. Mai 1949 im ehemaligen Konzentrationslager Mauthausen kennengelernt, und zwar durch den damaligen österreichischen Bundeskanzler Leopold Figl. Um diese Situation zu erklären, muß ich etwas weiter ausholen. Am 1. April 1946 war ich mit der »Schweizer Mission Caritas«, die unter der Ägide der »Schweizer Spende«, der Dachorganisation der schweizerischen Hilfswerke, arbeitete, nach Wien gefahren. Zuerst war ich einer der Mitarbeiter, wenig später leitete ich diese Equipe, die in Niederösterreich drei Kinderheime betreute, in Wien eine Schneiderei und eine Schusterei unterhielt und zudem Lebensmittel, Schuhe und Kleider direkt an Hilfsbedürftige ausgab.
Schon in dieser Periode war ich mit den Problemen der Vergangenheit und der Gegenwart konfrontiert: Die feudale, allerdings stark kriegsbeschädigte Wohnung in der Wiener Innenstadt, die uns vom Wohnungsamt zugewiesen wurde, war mitsamt dem großen Gebäude Eigentum einer Schweizer Nazifamilie. Deren Mentalität lernte ich kennen, als eines Tages die alte Dame aufkreuzte und sich vorwurfsvoll nach der Strickarbeit erkundigte, die sie auf dem Sofa habe liegen lassen, als sie im April 1945 vor den anrückenden Russen habe flüchten müssen. Für das damals zurückgelassene Personal interessierte sie sich überhaupt nicht. Von der politi-

schen Einstellung dieser Auslandsschweizer konnte ich mich überzeugen, als ich eines Tages den großen Kleiderkasten und einen kleinen Sekretär aufbrach: NS-Uniformen, ein mit einem goldenen Hakenkreuz versehener Dolch und zahlreiche belastende Fotos kamen zum Vorschein. Ein Bild zeigte das Familienoberhaupt, das den erstgeborenen Sohn Hitler zum Kuß hinstreckte!

Die Gegenwart wurde mir klar, als im Stockwerk über uns der Major der Roten Armee, Popow, mit seiner Frau Gemahlin einzog, und Vergangenheit und Gegenwart prallten aufeinander, als Major Popow eines Abends bei einem Diner für seine Gäste eine Schallplatte auf dem alten Grammophon abspielen wollte: Auf der grünen Etikette stand »Donauwalzer«, was einen Genuß von Johann Strauß verhieß. Statt dessen aber ertönte eine wenig melodische Stimme: diejenige Adolf Hitlers. Ein Stockwerk tiefer hatte man natürlich von all dem nichts gehört – bis zu jenem Moment, da der Major mit seinen Gästen das alte Grammophon und viele andere Besitztümer des Schweizer Nazis kurz und klein schlug.

Eineinhalb Jahre später, als die Caritas-Mission beendet war, blieb ich in Wien und kehrte als Korrespondent verschiedener Schweizer Zeitungen und kurz darnach des schweizerischen Rundfunks in meinen angestammten Beruf eines Journalisten zurück. In jener Zeit freundete ich mich mit Bundeskanzler Leopold Figl an, einem jovialen, weitsichtigen Mann, der für die damalige Zeit zweifellos der bestmögliche Regierungschef war und dem Österreich überaus viel zu verdanken hat.

Anfang Mai 1949 rief mich Bundeskanzler Leopold Figl an – dies mit der Frage, ob ich ihn nach Mauthausen begleiten wolle. Über meine Antwort gab es keinen Zweifel. Ich war zwar weniger an der Zeremonie interessiert, an der Figl offiziell teilnehmen mußte. Vielmehr lag mir daran, einmal ein Konzentrationslager zu sehen.

Wir fuhren also am 8. Mai 1949 gemeinsam westwärts,

und Figl erklärte mir auf der Fahrt, daß er an einem Festakt anläßlich des vierten Jahrestages des Kriegsendes ein paar Worte sprechen müsse. Als wir in Mauthausen ankamen, war schon eine große Menschenschar – ehemalige Häftlinge, politische Repräsentanten der Gemeinden und des Bundeslandes, ebenso Vertreter der Alliierten – auf dem großen Platz vor dem Haupteingang versammelt. Ich hielt mich diskret im Hintergrund, hoffte aber, im geeigneten Moment in das Lager gelangen zu können.

Es war kein Fest, eher eine würdige Gedenkfeier mit Ansprachen und den Nationalhymnen. Als sie vorbei war, hörte ich plötzlich Figls Stimme: »Matt, kumm her ...« Erstaunt drängte ich mich durch die Menge zu Figl, der mir eröffnete: »Ich mueß'dr den besten Landsmann vorstellen, den du haben kannst. Er hat Zehntausenden von Häftlingen 's Leben grettet.« Neben Figl stand ein Mann von Mitte Vierzig, der mir die Hand gab, dies mit den Worten »Louis Haefliger«. Er überreichte mir ein Porträtfoto, das er signierte, dann händigte er mir Friedrich von Gagerns Schrift »Der Retter von Mauthausen« aus, die kurz nach dem Tod des Verfassers erschienen war.

Wer war Louis Haefliger? Wegen der Gedenkfeier hatte ich keine Gelegenheit mehr, mit Bundeskanzler Leopold Figl zu sprechen, und Louis Haefliger selbst verschwand in der Menge. Immerhin hatte diese geheimnisvolle Begegnung meine Neugierde und mein Interesse bei der Besichtigung der NS-Todesanlagen nur gesteigert: Appellplatz, Baracken, Gaskammer, Krematoriumsöfen, Todesstiege ... Der Eindruck des Grauens ließ sich nicht mehr aus meinem Gedächtnis löschen.

Aber auch die Erinnerung an Louis Haefliger blieb. Ich wandte mich an einen Freund in der schweizerischen Gesandtschaft an der Prinz-Eugen-Straße in Wien, doch wurde ich energisch abgewimmelt: »Laß dieses Thema«, sagte er, »dieser Haefliger ist eine ziemlich üble Figur.« Ich ließ mich tatsächlich abwimmeln, denn dies war die Zeit, da junge Journalisten sich den Autoritäten noch fügten. Als ich dann wieder einmal mit Bundeskanzler Leopold Figl zusammentraf, konnte ich es nicht lassen, nun wenigstens seine Autorität anzuhören. Er erzählte mir in kurzen Zügen die Geschichte Haefligers, so daß ich mich erneut an den Gesandtschaftsbeamten wandte. Dieser verharrte bei seiner starren Absage. Er sprach von Schwarzhandel, von zweifelhaften Kontakten. Das Schlimmste sei: Haefliger habe das Schweizerkreuz, also das weiße Kreuz im roten Feld, für das Schild seiner Export-Import-Firma verwendet, und das verstoße gegen die schweizerischen Gesetze.

Ich ließ die Story fallen – um so mehr, als die politischen Vorgänge in Österreich damals einen Journalisten vollauf beschäftigten. 1953 kehrte ich in die Schweiz zurück, besuchte aber Wien immer wieder und bei jeder möglichen Gelegenheit. So auch am 15. Mai 1955 anläßlich der Unterzeichnung des österreichischen Staatsvertrages.

Natürlich war es weder im Belvedere bei der Unterzeichnung noch beim großen Galaabend auf Schloß Schönbrunn angebracht, mit Leopold Figl über Louis Haefliger zu sprechen, aber als ich ein paar Monate später mit Figl beim Heurigen saß, lenkte ich das Gespräch auf dieses Thema. Wiederum zeigte er sich begeistert von der Tat Haefligers, und so nahm ich nun endlich Kontakt mit dem »Retter von Mauthausen« auf.

Man kann sich fragen, weshalb ich dieses Buch denn erst jetzt oder gerade jetzt geschrieben habe. Ich weiß darauf selbst keine genaue Antwort. Es gibt eine einzige Erklärung: Die Vorgänge vom Mai 1945, die Louis Haefliger ausgelöst hatte, beschäftigten mich innerlich ohne Unterbruch. Bei jedem neuen Kontakt und bei jeder zusätzlichen Recherche über die Begebenheiten wuchs der Wunsch, einen kleinen Beitrag dafür zu leisten, daß dem verkannten Helden Gerechtigkeit erwachse.

So ging ich denn im Spätherbst 1987 daran, systematisch Material zusammenzutragen, Zeugenaussagen einzuholen und im Gespräch mit Louis Haefliger Details zu erfahren. Er willigte in die Buchpublikation unter der Bedingung ein, daß sie nicht gegen die vornehmen Ideen des Roten Kreuzes gerichtet sei. Als dann noch kurz vor Beendigung des Manuskriptes Vorstöße unternommen wurden, Louis Haefliger im laufenden Jahr erneut für den Friedensnobelpreis vorzuschlagen, zeigte mir dies, daß ich nicht allein stand in meinem Bestreben. Ob er den Nobelpreis erhält oder nicht: Verdient hätte er ihn. Und das darzulegen ist die Absicht dieses Buches.

Alphons Matt

La Tour-de-Peilz (Kanton Waadt), 14. Juli 1988

Diese Treppe ist Louis Haefliger in seiner Mauthausener Zeit unzählige Male vom Hof der Garageneinfahrt zum Büro des Lagerkommandanten hinaufgestiegen.

Ein Schritt in ein anderes Leben

Das Kalenderblatt zeigte Montag, den 23. April 1945 an. Louis Haefliger, bis vor kurzem noch ein gutbürgerlicher Beamter der Bank Leu AG, einer der renommierten Zürcher Großbanken, fuhr mit dem Auto nach Kreuzlingen am schweizerischen Bodenseeufer. Gewiß kein Ereignis, das festgehalten zu werden verdient, obwohl damals die nicht ganz 90 Kilometer lange Fahrt noch wesentlich beschwerlicher war als heute. Es gab keine Autobahn, und die Autos waren meist in zweifelhafter Verfassung – abgesehen davon, daß Benzin damals auch in der Schweiz zu den ausgesprochen raren Produkten zählte. Noch fuhren viele Autos mit der angehängten »Feldküche«, mit dem Holzvergaser.

Louis Haefliger aber hatte ein richtiges, benzinbetriebenes Auto, denn er trat an ebendiesem Montag seine neue Funktion als Delegierter des Internationalen Komitees vom Roten Kreuz an, das mit einem dringenden Aufruf Freiwillige gesucht hatte. Haefliger war einer der ersten, die sich gemeldet hatten. Die Bank hatte ihm Urlaub gewährt, und so konnte er sich in Genf anläßlich eines kurzen Besuches verpflichten. Nun war bei ihm die Weisung eingetroffen, er habe sich in Kreuzlingen zu melden und sich für längere Zeit – man sprach von vier bis fünf Jahren – zur Verfügung zu halten.

In der deutschen Naziführung hatte sich zu jener Zeit schon seit Wochen Untergangsstimmung breitgemacht.

Führer und Reichskanzler Adolf Hitler hatte bei der Lagebesprechung in Berlin einen Zusammenbruch erlitten, sich dann in seinem Fanatismus aber rasch wieder aufgerappelt. Er sprach von der »deutschen Schicksalsschlacht« und übernahm selbst den Oberbefehl über »alle zur Verteidigung Berlins angetretenen Kräfte«.
Die Agonie des Naziregimes wurde auch in der Schweiz erkennbar. Der französische General Jean-Marie de Lattre de Tassigny, Kommandant der 1. französischen Armee, änderte seine Dispositionen zugunsten der Schweiz und stieß mit seinen Truppen zwischen Basel und Schaffhausen an das rechte Rheinufer vor, womit er den Ausbruch des im Schwarzwald stehenden 18. SS-Armeekorps verunmöglichte. Was das bedeutete, ersieht man allein daraus, daß in den Tagen zwischen dem 18. und dem 22. April 1945 nicht weniger als 13040 Flüchtlinge in die Schweiz kamen. Es handelte sich hauptsächlich um in Deutschland zwangsverpflichtete Arbeiter aus besetzten Ländern und um Kriegsgefangene, die aus deutschen Lagern ausgebrochen waren, unter ihnen auch 5446 Angehörige der Roten Armee.
An jenem 23. April 1945, als Louis Haefliger Richtung Bodensee fuhr, traf in Luzern gerade SS-Obergruppenführer General Karl Wolff mit zwei Bevollmächtigten zur Unterzeichnung der deutschen Kapitulation in Oberitalien ein. Die Vorverhandlungen hatten in aller Verschwiegenheit im Tessin stattgefunden. Major Max Waibel, der maßgebend daran mitgewirkt hatte, erinnerte sich später noch, wie er, versteckt in einem Tessiner Keller, während seiner Gespräche mit den deutschen Unterhändlern im Rundfunk die Nachrichten der Schweizerischen Depeschenagentur mit dem offiziellen Dementi der Schweizer Regierung gehört hatte. Danach entbehrten die Gerüchte über Kapitulationsverhandlungen jeder Grundlage. Von Luzern aus wurden die beiden Bevollmächtigten am 28. April nach Annecy in Hochsavoyen verbracht und von dort nach Caserta ins alliierte Hauptquartier zur eigentlichen Unterzeichnung geflogen.

Trotz all dem konnte Haefliger damals noch nicht mit Sicherheit davon ausgehen, daß der Krieg in Europa bald zu Ende sein werde. Er hatte in Genf den Wunsch geäußert, nach Mauthausen beordert zu werden, und dorthin war er nun unterwegs. Mauthausen, am linken Donauufer unterhalb von Linz gelegen, war ungefähr der östlichste Punkt der deutschen Rückzugstellung, die sich in wechselnder Stärke von Vorarlberg bis zur Donau erstreckte. Hier hätte die deutsche Wehrmacht, wäre es nach den Hirngespinsten der Nazimachthaber gegangen, den Endkampf durchstehen sollen. Noch am 20. April hatte Hitler die von Mussolini übermittelten Geburtstagsglückwünsche mit Pathos verdankt: »Mit unbeschränktem Materialeinsatz setzen der Bolschewismus und die Truppen des Judentums alles daran, ihre zerstörerischen Kräfte in Deutschland zu vereinen und so unseren Kontinent in ein Chaos zu stürzen. Im Geiste zäher Todesverachtung werden das deutsche Volk und alle, die gleichen Geistes sind, diesen Ansturm zum Halten bringen, wie schwer auch der Kampf sein mag, und durch ihren einzigartigen Heldenmut den Verlauf des Krieges ändern ...« Damals wußte man noch nicht, daß selbst Hitlers Heldenmut wenige Tage später dem feigen Selbstmord weichen würde. Es war auch nicht auszuschließen, daß die »Todesverachtung« in der letzten Verteidigung einen zwar aussichtslosen, aber vielleicht längere Zeit währenden, blutigen Verzweiflungskampf zur Folge haben könnte. Und Mauthausen, das Reiseziel Louis Haefligers, lag am kritischen Punkt dieses Rückzugsfeldes.

Warum aber Mauthausen? Haefliger leitete in der Bank an der berühmten Zürcher Bahnhofstraße die Abteilung Fremde Währungen. Bei ihm meldeten sich Flüchtlinge aus allen Teilen Europas: Ungarn und Tschechen, Jugoslawen und Polen, deutsche Verfolgte und Juden. Sie fanden Vertrauen zu diesem Bankbeamten und erzählten ihm ihre Schicksale und diejenigen ihrer Angehörigen: seit Monaten im Konzentrationslager, von der SS gepeinigt, zu Tode geprügelt oder vergast. Und immer wieder tauchte in diesem Zusammenhang das Wort »Mauthausen« auf.

Mauthausen war tatsächlich nach der Aufhebung verschiedener kleinerer Anlagen eines der sechs vor Kriegsausbruch auf deutschem Reichsgebiet befindlichen Konzentrationslager (neben Dachau, Buchenwald bei Weimar, Sachsenhausen, Ravensbrück in Mecklenburg und Flossenbürg in der Oberpfalz).

Am 21. April 1945, also zwei Tage vor dem IKRK-Einsatz von Haefliger, hatte der Reichsführer-SS Heinrich Himmler als Leiter der deutschen Polizei, als Reichsminister des Innern und als Befehlshaber des Ersatzheeres den Befehl erteilt, alle Konzentrationslager seien »beim Herannahen des Feindes« in die Luft zu sprengen. Das IKRK wußte Bescheid. Haefliger erinnert sich: »In Genf hatte ich die Unterlagen darüber bekommen, wie sich die KZ-Kommandanten zu verhalten hätten. Der Befehl Himmlers war uns bekannt, allerdings wußten wir nur, daß die Liquidierung verordnet war. Nähere Details kannten wir nicht.«

Der Ausübung dieses grauenvollen Befehls wollte Haefliger zuvorkommen. Der Weg nach Mauthausen war ein Wettlauf mit der Zeit. Von Kreuzlingen aus fuhr er ostwärts. In Moosburg an der Isar, in Oberbayern, sollte sich der gesamte Rotkreuzkonvoi zusammenfinden: neunzehn Lastwagen mit Liebesgaben. Dort befand sich auch ein Interniertenlager für amerikanische, englische und kanadische Piloten.

Es war eine Fahrt durch Kriegsgebiet. Unterwegs nahm man einen verwundeten deutschen Offizier auf, um ihn nach Landshut ins Lazarett zu bringen. Wegen einer Panne kam man in Verzug, so daß der Großteil des Konvois unter Führung des Schweizers Hoppeler nach Moosburg zurückkehrte, während Haefliger allein mit dem verwundeten Offizier nach Landshut weiterfuhr. Dabei kam er erstmals mit den Schergen der SS-Todesbrigaden in Kontakt. Tausende von ausgemergelten russischen Kriegsgefangenen wurden von blutdurstigen Antreibern mit dem Totenkopf auf der Mütze über die

Landstraße gehetzt, und Haefliger sah mit eigenen Augen, wie ein zusammenbrechender Russe auf die Wiese geschleppt und dort mit der Maschinenpistole erschossen wurde.

Der Bankbeamte Haefliger war schlagartig in eine neue, grauenerregende Welt versetzt. Noch vor kurzem hatte er mit Geschäftspartnern zu tun gehabt, denen er nur im gutbürgerlichen Anzug mit steifem Kragen und sauberer Krawatte begegnen durfte. Hier aber stand er Verbrechern und deren Opfern gegenüber. Machtlos! Sollte er nicht einfach wieder umkehren und sich an der Zürcher Bahnhofstraße den fremden Währungen oder gar den Aktienkursen und dem Goldpreis widmen? Er erkundigte sich bei den durch die Nacht getriebenen Gespenstern und ihren Bewachern nach dem Ziel des Transports und erhielt zu seiner Überraschung sogar Antwort: »Dachau ..., Mauthausen ...«

Da war es wieder, jenes grauenvolle Wort »Mauthausen«. Das stachelte ihn an, trotz allem nicht aufzugeben. Mit seinem kanadischen Chauffeur fuhr er nach Landshut, um den verwundeten deutschen Offizier ins Lazarett zu bringen. Dann ging die Reise zurück nach Moosburg, wo der Konvoi sich vollständig formierte.

Am Freitag, 27. April brach man gemeinsam auf. Sechs Lastwagen mit Liebesgaben waren für Braunau bestimmt: Braunau in der Ostmark, bis 1938 und glücklicherweise nach 1945 wieder in Oberösterreich. In jenen Tagen aber dachte man beim Namen »Braunau« nicht an das schöne historische Stadtbild mit den altgotischen Kirchen, sondern daran, daß in diesem Braunau 1889 der verbrecherische Tyrann Adolf Hitler geboren worden war. Hoppeler übernahm den Transport nach Braunau, und Haefliger fuhr mit den anderen dreizehn Lastwagen Richtung Gunskirchen, das auf halbem Weg zwischen Lambach und Wels auf der linken Seite der Traun liegt.

»In Gunskirchen gab es ein Frauenlager, und ich hätte dort sechstausend Pakete abliefern sollen«, erinnert sich Haefliger. »Dort ist mir aber ein Malheur passiert, das

glücklicherweise ohne Folgen blieb. Man hatte mir gesagt: Sie gehen links durch die Straße in den Wald, denn dort ist das Kommando. Wie ich aber dort hineinging, stand ich plötzlich zwanzig bis dreißig mit Maschinenpistolen bewaffneten SS-Leuten gegenüber. Als ich das sah, dachte ich: Jetzt hast du Pech gehabt. Aber sie ließen mich nach langen Verhandlungen durch, allerdings mit der Bemerkung, ich könne von Glück reden, nicht sofort niedergeschossen worden zu sein. Man brachte mich ins Lager, und der Kommandant sagte, er beziehe seine Pakete direkt von Mauthausen.«
So fuhr Haefligers Konvoi über Linz und Steyregg nach St. Georgen. In einem Schulhaus wurde für die Chauffeure ein Zimmer frei gemacht. »Ich hatte übrigens keine Schweizer Chauffeure bekommen, sondern Kanadier aus dem Internierungslager Moosburg. Ich mußte deshalb eine Erklärung unterschreiben, mit der ich dafür haftete, daß diese 23 Kanadier später wieder nach Moosburg zurückkämen. Ich willigte ein, denn in jenen Tagen wußte man ja ohnehin nicht, was in 24 oder 48 Stunden sein werde«, berichtete Haefliger. In einem benachbarten Gasthaus konnte dann noch ein bescheidenes Nachtmahl für die Chauffeure und die ganze Begleitung organisiert werden.
Vier Tage waren verstrichen, seit Haefliger von Zürich aus über Kreuzlingen und Moosburg zu seiner Mission aufgebrochen war. Die ersten Eindrücke waren grauenvoller als alles, was er bis dahin gehört oder in Zeitungen gelesen hatte. So drängte es ihn denn in jener letzten Nacht vor dem Erreichen des Lagers, mit einem nächtlichen Marsch seine Gedanken zu klären. Zu Fuß ging er von St. Georgen Richtung Mauthausen, ganz allein durch die dunkle Gegend. Zudem wollte er erkunden, ob und wie er morgen mit dem ganzen Konvoi, dem sich inzwischen auch die sechs Camions von Hoppeler wieder angeschlossen hatten, durchkommen werde. Drei bis vier Stunden wanderte der sportgestählte Schweizer von St. Georgen nach Mauthausen, hinauf zum Lager und wieder zurück.

Es blieben ein paar wenige Stunden Schlaf, bis man aufbrach zur letzten, entscheidenden Etappe, die das Leben Haefligers grundlegend verändern sollte. Das wußte er damals allerdings noch nicht. Er hatte nur *ein* Ziel: rechtzeitig vor der Vernichtung von Tausenden und Abertausenden gepeinigter Häftlinge ins Lager zu kommen.

Der achtzehnjährige Louis Haefliger mit seinen drei Brüdern (v.l.n.r.: Adolf, Walter, Louis, Ernst).

Erfolge und Enttäuschungen zwischen den Kriegen

Bis zum Entschluß, sich dem Internationalen Komitee vom Roten Kreuz zur Verfügung zu stellen, hatte das Leben Louis Haefligers keine besonderen Höhepunkte gekannt. Aufgewachsen war er in der Atmosphäre einer bürgerlichen Deutschschweizer Familie. Der Vater stammte aus dem Kanton Aargau, die Mutter aus der Zürcher Vorortsgemeinde Kloten, wo damals noch ein Artilleriewaffenplatz stand, der später dem Internationalen Zürcher Flughafen weichen mußte.

Als Louis Haefliger am 30. Januar 1904 geboren wurde, wohnten seine Eltern in der Kalkbreitestraße im dritten Zürcher Stadtkreis. Sein Vater war Vizedirektor der Brauerei Hürlimann. Die erste Primarklasse absolvierte der junge Louis in Wiedikon, doch dann übersiedelte die Familie nach Oerlikon, das damals noch eine selbständige Gemeinde mit rund 6000 Einwohnern war. Eben zu jener Zeit war das neue Gemeindehaus (heute Kreisgebäude 11) in Betrieb genommen worden, und die Familie Haefliger bezog in nächster Nähe dieses Zentrums ihre Wohnung: im Haus, das an das renommierte Hotel Sternen angebaut war und damals noch der Brauerei gehörte. Nach Abschluß der Volksschule absolvierte Louis eine kaufmännische Lehre, die er mit dem Diplom der Handelsschule beendete. Dies war die Zeit des Ersten Weltkrieges.

Oerlikon war schon in den dreißiger Jahren eine sport-

"SPORT GAI" ET "SPORT GRAVE" A MONTMARTRE

Tout comme la « blague » montmartroise, le sport gai ne perd jamais ses droits. Aussi, hier, à l'occasion du « Bol d'Or » de la marche, dont nous relatons d'autre part les péripéties, la Commune libre de Montmartre, sous le patronage du *Petit Parisien* et de la « Vache enragée », avait-elle organisé une fête sportive variée, inattendue et qui divertit agréablement la foule accourue, les concurrents et les organisateurs.

Elle se déroula du Moulin-Rouge à la place Constantin-Pecqueur et dura de 8 heures du matin à 18 heures.

Des courses à pied mirent en présence des « Vieux jetons » (trente-cinq ans et au-dessus) dont le meilleur fut Lucas et les « Albertines » en talons Louis XV — Mlle Emilienne fut victorieuse — qui s'élancèrent à l'assaut de la Butte ; une partie de rugby et une course en sac avec patins à roulettes eurent des péripéties « roulantes » ; une course d'automobile au ralenti et une course de vitesse de tortues, la traversée de Montmartre à l'aviron, un championnat de bilboquet, etc... remportèrent un égal et joyeux succès. Pour terminer cette belle journée, un concours de coiffures en papier avec en-tête du *Petit Parisien* révéla l'ingéniosité des jeunes concurrents.

Les soixante musiciens de l'harmonie du *Petit Parisien* prêtaient leur concours à cette journée de sport gai fort réussi.

Voici quelques clichés pris au cours des dernières épreuves : à gauche: le championnat de l'Escalier; en haut, à droite : la course des « Albertines » ; au-dessous: le match de rugby... à roulettes; en bas, au centre: la « vache landaise » écartée par un amateur; à gaucche : le Suisse Haefliger, gagnant du « Bol d'Or » de la marche, et, à droite: Vimeux, second de cette épreuve.

(En quatrième page, le compte rendu du « Bol d'Or » de la marche.)

Louis Haefliger im Alter von 21 Jahren. Das Foto aus dem »Petit Parisien« vom 15. Juni 1925 zeigt ihn als Sieger im »Bol d'Or« des Gehens.

Louis Haefliger, Sieger im »Bol d'Or« des Gehens, mit dem Schweizerkreuz auf der Brust.

freudige Gemeinde, die Louis Haefliger den geeigneten Boden für seine sportlichen Ambitionen zur Verfügung stellte. Leichtathletik war sein Lieblingssport; seine bevorzugten Disziplinen waren Hammer- und Speerwerfen, Kugelstoßen und Diskuswerfen, während er im Hochsprung, Weitsprung und Schwimmen nur mäßige Leistungen erbrachte. Da er aber seine Lehrzeit in einem kleinen Betrieb der Fahrrad- und Autobranche absolvierte, versuchte er sich auch noch als Rennfahrer. Doch zur Spitzenklasse stieg er vor allem in der Sparte Gehen auf. »Ich bin immer lieber um den Zürichsee herumgegangen als darübergeschwommen«, meinte er rückblickend. 1923 ging er in 16 Stunden und 20 Minuten von Zürich nach Bern – der dritte Platz dieses Wettkampfs –, 1925 gewann er das 24-Stunden-Gehen, die »Bol d'Or«, und 1926 traf er im Gehen von Calais nach Paris als Dritter ein; kurz später wurde er Vierter im Wettgehen Paris–Straßburg.
Kein Wunder, daß es Louis in der Schweiz zu eng wurde. Er wollte auswandern. In Kanada suchte man junge Leute für die Landwirtschaft, was zwar nicht seinen beruflichen Idealen entsprach. Aber dort gab es eine Möglichkeit, die engen Grenzen zu sprengen und dem Lockruf der weiten Welt zu folgen. Doch das Schicksal griff durch einen Zufall ein: Als Louis die schriftliche Zusage erhielt, hieß es darin, er habe sich am 23. April in Cherbourg einzuschiffen. Dort traf die Nachricht genau an jenem 23. April ein – also schon damals Haefligers Schicksalstag! Zu Hause bleiben mochte er trotzdem nicht. So ging er aufs Geratewohl nach Paris, wo er zuerst als Handlanger arbeitete, um vorläufig etwas Geld zu verdienen. Er war nämlich mit bloß 100 Schweizer Franken ausgewandert, wovon bereits 28 Franken für die Fahrkarte draufgegangen waren. Bald wurde er in der Personalbuchhaltung einer Armaturenfabrik eingestellt. Bei einem Monatslohn von 800 französischen Franken blieben ihm nach Bezahlung der Zimmermiete ganze 500 Franken. Das war nicht nur herzlich wenig, Louis ärgerte sich auch, der Buchhal-

tung entnehmen zu müssen, daß in der gleichen Firma die Dreher mit 1700 oder 1800 Franken entlöhnt wurden. Als er sich deshalb in die Fabrikation umteilen lassen wollte, gab man ihm am Samstagnachmittag Gelegenheit, sein Können an der Drehbank unter Beweis zu stellen. Es klappte, und er verdiente gut!

Inzwischen hatte zu Hause seine Mutter eine Lähmung erlitten, so daß sich Haefliger zur Rückkehr entschließen mußte. 1924 wurde er in die schweizerische Milizarmee eingezogen und als Rekrut zum Telefon- und Signalsoldaten ausgebildet. Aber das gewünschte Avancement zum Offizier wurde ihm durch ein mißgünstiges Familienmitglied vermasselt. So zerschlug sich der Wunschtraum, Militärinstruktor zu werden.

Beruflich war Louis Haefliger verunsichert. Er meldete sich bei der Polizei und bei den Schweizerischen Bundesbahnen, und zur gleichen Zeit vermittelte ihm die Braut seines Bruders eine Anstellung bei der Großbank an der Bahnhofstraße. Dank einer Notlüge erhielt er die Stelle, denn gegenüber dem Personalchef hatte er großzügig erklärt, »auf einer Bank« gearbeitet zu haben, was er später mit der Entschuldigung richtigstellen mußte: »Ich habe geschwindelt, denn es war nur eine Drehbank!« Schon nach kürzester Zeit wurde er wegen des unerwarteten Todes des bisherigen Chefs Leiter der Filiale einer Depositenkasse der Bank Leu AG.

Zwei Jahre später kehrte er an den Hauptsitz zurück und erlebte dort eine währungspolitische Erschütterung. Am 25. September 1936 hatte Frankreich seine Währung um ungefähr 30 Prozent abgewertet, was die Schweiz, die Niederlande, Italien, die Tschechoslowakei, Griechenland und Lettland veranlaßte, gleichzuziehen: Am 26. September beschloß der schweizerische Bundesrat mit fünf gegen zwei Stimmen die Abwertung des Schweizer Frankens. Das Verhältnis der Schweizer Währung zum Gold wurde von bisher 290,3 mg neu auf 190–215 mg festgesetzt. Das bedeutete eine Abwertung von 26 bis 35 Prozent, die in der Folge auf der Basis von 30 Prozent durchgeführt wurde.

Louis Haefliger erinnert sich daran aber besonders wegen gewisser Vorgänge, die seinem Gerechtigkeitssinn widersprachen: »Als der Schweizer Franken um 30 Prozent abgewertet wurde, ist in den Banken sehr stark gemogelt worden. Großkapitalisten haben ganz schnell die Franken in Dollar umgewechselt, und bei der Sanierung geschah wieder dasselbe. Es hat sich bei mir sogar ein Bundesrichter gemeldet, um Einzelheiten über solche Machenschaften zu erfahren, doch war ich als Angestellter natürlich an das Bankgeheimnis gebunden.«

Auch wenn Haefliger gegen außen machtlos war – innerlich war er so sehr aufgewühlt, daß er immer wieder versuchte, wenigstens firmenintern als Chef der Abteilung Fremde Währungen zum Rechten zu sehen. Er erinnert sich noch genau an seinen Geburtstag im Jahre 1939, den 30. Januar, als der deutsche Diktator Adolf Hitler in der Berliner Krolloper vor dem »Großdeutschen Reichstag« seine zweieinhalbstündige Mammutrede hielt. Hitler erging sich darin wieder einmal in seinen wirtschaftsphilosophischen Spekulationen und Plänen und rief pathetisch aus: »Unter den vorhandenen Umständen bleibt uns kein anderer Weg als der der Fortsetzung einer Wirtschaftspolitik, die versuchen muß, aus dem gegebenen Lebensraum das Höchste herauszuwirtschaften ... Dies wiederum zwingt uns, den Kapitalmarkt zum technischen Ausbau unserer Unternehmungen in einem höheren Ausmaße freizugeben und damit von den staatlichen Anforderungen zu entlasten. Dies alles aber führt wieder zur Notwendigkeit einer scharfen Zusammenfassung von Wirtschaft und Geldwesen. Es ist mein Entschluß, den bereits seit dem 30. Januar 1937 eingeschlagenen Weg der Umgestaltung der Deutschen Reichsbank vom international beeinflußten Bankunternehmen zum Noteninstitut des Deutschen Reiches zum Abschluß zu bringen.« Noch vor dieser Rede hatten schweizerische Banken auf ihre Art reagiert. Dazu Haefliger: »Am 29. Januar haben unsere Direktoren die deutsche Sperrmark für 6 bis 7 Franken pro 100 Sperrmark nach Holland verschachert. Dagegen bin ich Amok gelaufen und habe die Stornierung verlangt, was innerhalb eines Tages noch möglich gewesen wäre. Zunächst aber half mir niemand. Alle sprachen von der Möglichkeit, Hitler werde morgen den Krieg erklären. Schließlich gelang es mir, mit dem Bankpräsidenten zu sprechen, der mir die Vollmacht gab, alle Sperrmark-Geschäfte mit Holland zu stornieren. Das war schließlich im Interesse der Bank, die am 1. April die gleiche Sperrmark für 56 bis 58 Franken verkaufen konnte.«

Die internationale Lage hatte auch politische Auswirkungen auf die Schweiz. Am gleichen 30. Januar 1939 begann in Bern die außerordentliche Session der Bundesversammlung, also die Zusammenkunft von National- und Ständerat. Sie war den Fragen der militärischen und wirtschaftlichen Landesverteidigung gewidmet. Schon einen Monat später, nämlich am 3. Februar, erteilte diese Versammlung dem Bundesrat – also der Regierung – Vollmachten zur Anordnung von außerordentlichen Truppenaufgeboten. Am 16. März des gleichen Jahres, als Hitler die Errichtung des »Protektorats Böhmen und Mähren« proklamierte, wobei sich Großbritannien und Frankreich mit einem Protest gegen die »Verleugnung des Geistes von München« begnügten, hielt der schweizerische Wirtschaftsminister Bundesrat Hermann Obrecht in Basel eine Rede. Im Hinblick auf die Vorgänge in der Tschechoslowakei – Präsident Hacha war nach Berlin zitiert worden, wo er erfuhr, daß die deutschen Truppen bereits auf dem Weg nach Prag seien – erklärte er: »Wir Schweizer werden nicht zuerst ins Ausland wallfahrten gehen.«

Wie jeder Vabanquespieler reizte Hitler in seinem verbrecherischen politischen Spiel immer höher: Am 1. September 1939 eröffnete der deutsche Panzerkreuzer »Schleswig-Holstein« um 4 Uhr 50 »das Feuer gegen die Westernplatte aus allen Rohren«. Dies meldete der polnische Kommandant Major Sucharski dem Kommando der polnischen Kriegsmarine in Gdingen. Gleichzeitig griff die deutsche Luftwaffe an, und im

Nebel überschritten die Panzer der Generäle Guderian, Hoepner und Kleist die polnische Grenze. Hitler erklärte gleichentags vor dem Reichstag mit nicht mehr zu überbietendem Zynismus: »Polen hat heute nacht zum erstenmal auf unserem eigenen Territorium auch durch reguläre Soldaten geschossen. Seit 5.45 Uhr wird jetzt zurückgeschossen! Und von jetzt ab wird Bombe mit Bombe vergolten.«

Hitler hatte sich – vermutlich mit Absicht – versprochen, denn in Wirklichkeit hatte der Angriff bereits um 4.45 Uhr begonnen. In *einem* Punkt hatte er recht: Von diesem Moment an wurde »Bombe mit Bombe vergolten«, aber auch die deutschen Bomben!

In der Schweiz hatte die Bundesversammlung schon am 30. August dem Bundesrat außerordentliche Vollmachten erteilt und Oberstkorpskommandant Henri Guisan zum General der Schweizer Armee gewählt. Am 1. September wurde der Schweizer Professor Carl Jacob Burckhardt, Hoher Kommissar des Völkerbundes in Danzig, von den Deutschen gezwungen, die Stadt zu verlassen, und in Bern ordnete der Bundesrat im Einvernehmen mit dem General die allgemeine Mobilmachung der Armee auf den folgenden Tag an. Die Schweiz blieb zwar vom Krieg verschont, aber die Auswirkungen des Völkermordens machten sich auch in diesem neutralen Kleinstaat geltend.

Louis Haefliger versah seinen Dienst teils im Militär, teils weiterhin als Chef der Abteilung Fremde Währungen auf der Zürcher Bank. Als Soldat wußte er um die Bedrohung seines Landes, als Bankbeamter aber wurde er mit Nachrichten über die Greueltaten konfrontiert, die sich im unmenschlichen Nazistaat zutrugen.

KZ – ein Kürzel, das Fragen aufwarf, Zweifel weckte und Angst einflößte

Am 12. März 1945 besuchte der Präsident des Internationalen Komitees vom Roten Kreuz, Prof. Carl Jacob Burckhardt, früher Hochkommissar des Völkerbundes in Danzig, in der Nähe von Feldkirch den SS-Obergruppenführer Ernst Kaltenbrunner. Zwei Welten stießen bei dieser Gelegenheit aufeinander: der damals 54jährige vornehme Basler Aristokrat, der eine bedeutende Studie über Richelieu, den großen französischen Staatsmann und Kardinal des 17. Jahrhunderts, verfaßt hatte, und der 42jährige brutale, auf grausames Unrecht ausgerichtete Rechtsgelehrte aus dem österreichischen Ried im Innkreis, das nahe bei Hitlers Geburtsort Braunau liegt. Kaltenbrunner hatte schon in seiner Schulzeit Adolf Eichmann, den Realisator der berüchtigten Endlösung, kennengelernt, gehörte seit 1932 der NSDAP und der SS an und war deshalb unter Bundeskanzler Engelbert Dollfuß zu einer sechsmonatigen Haftstrafe verurteilt worden. Burckhardt aber war der Diplomat und Historiker, der stets glaubte, mit seiner Verhandlungskunst auch unmenschliche und vor nichts zurückschreckende Potentaten zur Vernunft zu bringen. Als er bei jenem Treffen in Vorarlberg Kaltenbrunners Zusage zur Befreiung gewisser Kategorien von Konzentrationshäftlingen erhielt und als dieser überdies erlaubte, IKRK-Delegierte in die KZs zu entsenden, war Burckhardt überzeugt, seine Noblesse habe über die Brutalität

Konzentrationslager waren im Dritten Reich und in den besetzten Ländern keine Einzelerscheinung. Die NS-Vernichtungsmaschinerie war ein multinationales Unternehmen mit Hunderten von »Filialen«.

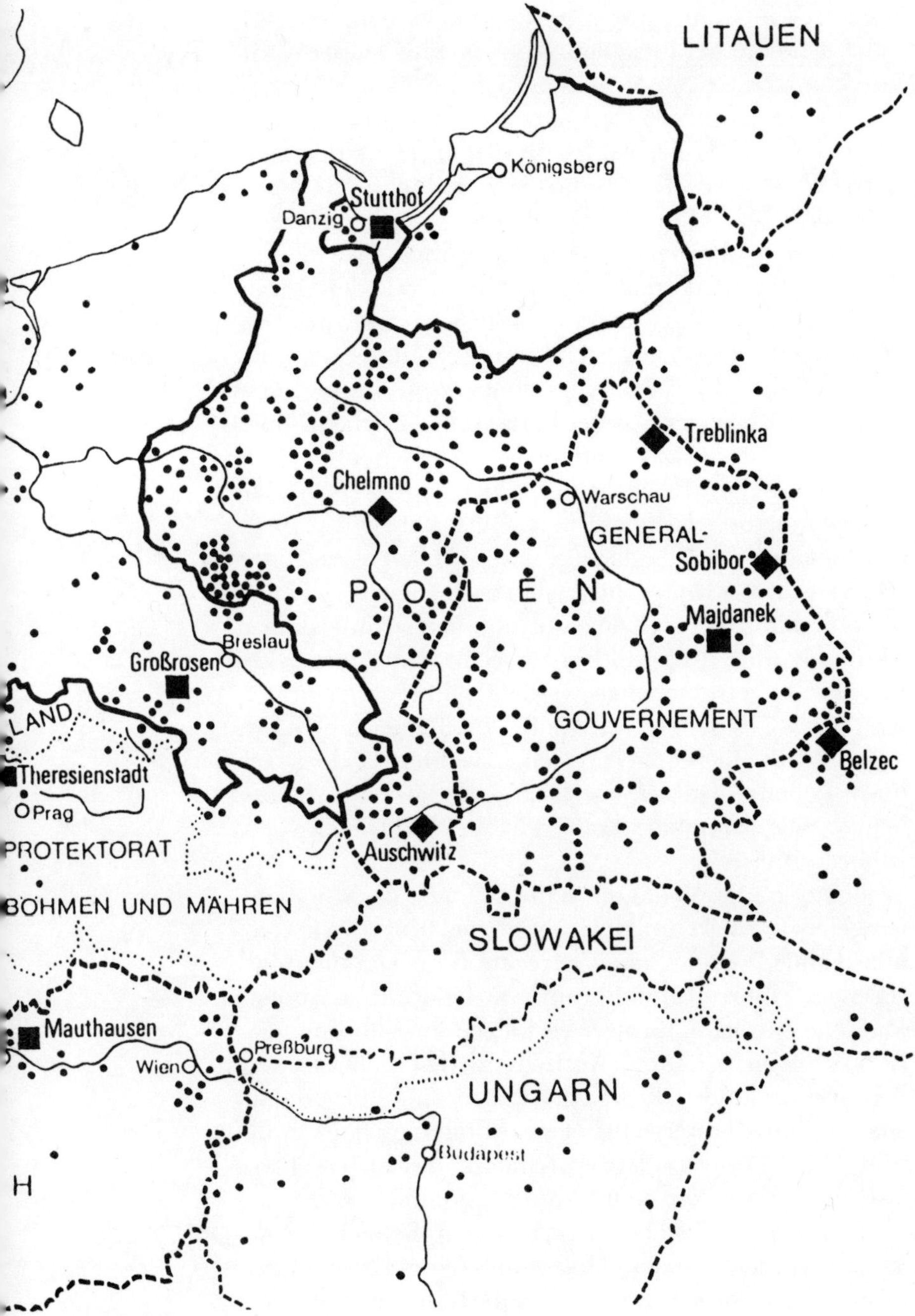

LITAUEN
Königsberg
Stutthof
Danzig
Treblinka
Chelmno
Warschau
GENERAL-
Sobibor
P O L E N
Majdanek
Breslau
Großrosen
GOUVERNEMENT
Belzec
LAND
Theresienstadt
Prag
Auschwitz
PROTEKTORAT
BÖHMEN UND MÄHREN
SLOWAKEI
Mauthausen
Preßburg
Wien
UNGARN
Budapest
H

gesiegt. Wie wenig tragfähig diese Übereinkunft war, sollte sich bald herausstellen. Im Augenblick aber wollte Burckhardt die Chance nützen.

Um der neuen Aufgabe gerecht werden zu können, suchte das IKRK Freiwillige für den Dienst in den Konzentrationslagern. Louis Haefliger meldete sich sofort. Er wollte nach Mauthausen eingeteilt werden, das ihm von seiner Banktätigkeit her bekannt war.

Was aber wußte damals und bis Kriegsende der Durchschnittsbürger über diese gräßlichen Institutionen? Wolfgang Langhoff, während einiger Jahre Ensemblemitglied des Zürcher Schauspielhauses, hatte schon 1935 im »Schweizer Spiegel Verlag« in Zürich ein Buch veröffentlicht, das zu den ersten Tatsachenberichten über deutsche Konzentrationslager gehörte: »Die Moorsoldaten«. Langhoff, bis 1933 am Düsseldorfer Stadttheater als Regisseur und Schauspieler tätig, schrieb darin: »Ende Mai tauchten die ersten Gerüchte über die Bildung von Konzentrationslagern auf. Ein SA-Mann erzählte uns, daß irgendwo im Moor hinter Osnabrück Lager geschaffen werden sollten.« Der uniformierte Nazi habe – so Langhoff – die Bemerkung angefügt: »Wißt ihr, einige von euch werden ja doch zeit ihres Lebens drinbleiben. Das sind die Unverbesserlichen. Die kommen dann dorthin und müssen das Moor kultivieren.«

Wolfgang Langhoff hat dann dieses Lager im Moor kennengelernt: »Dort am Horizont gelbe Hütten. Wir kommen näher. Niedere, langgestreckte Baracken im aufgerissenen Moor. Rund herum Stacheldraht an hohen Pfählen. Zwei Holztürme. Wir biegen links ab über eine Brücke. ›Schritt halten! Ausrichten!‹ Die Beine fliegen. Aus drei Baracken, die vor der Umzäunung liegen, laufen uns SS-Männer entgegen. ›Abteilung, halt! Links um!‹ Wir stehen vor dem Toreingang des Lagers. Es ist fast Nacht. Aus der einen Baracke kommt ein riesiger, dicker SS-Mann, ohne Mütze, an einem Bein einen Stiefel, am anderen einen Holzschuh, eine Latte in der Hand: der Kommandant. Der Scharführer meldet: ›480

Schutzhäftlinge zur Stelle.‹ ›Danke! Rauchwaren, Streichhölzer, Messer, alles abgeben! Bei Fluchtversuch wird geschossen! Einrücken!‹ ›Rechts, um! Marsch!‹ Wir ziehen durch das Tor des staatlichen preußischen Konzentrationslagers Börgermoor bei Papenburg. Wir stolpern über aufgeworfene Kanalisationsgräben, Schutthaufen, Bohlen und Planken. An einem Tisch im Freien werden unsere Sachen abgenommen. Alles zusammengeschmissen. Wir werden je hundert Mann in eine Baracke getrieben und fallen dort auf die Strohsäcke der zweistöckigen Feldbetten. Wir wissen von nichts mehr, wir schlafen.«

Langhoff berichtet weiter über die Ankunft des Sohnes des früheren sozialdemokratischen Reichskanzlers Friedrich Ebert und des jüdischen Abgeordneten Heilmann: »›Wer bist du?‹ schrie drohend der SS-Mann und trat mit dem Stiefel ans Schienbein. ›Ich bin Friedrich Ebert, der Sohn des Landesverräters Ebert‹, antwortete er mechanisch und in voller Gelassenheit. Ich sah ihm deutlich an, daß er dabei dachte: na, wenn schon! Jetzt kam Heilmann an die Reihe, der einen verstörten und zerfahrenen Eindruck machte. ›Ich bin der Obergauner Heilmann.‹ ›Na und – weiter?!‹ ›Ich habe das deutsche Volk verraten und die Arbeiter betrogen.‹ Angewidert und tief beschämt von dieser Prozedur, wandten wir uns halb ab und sahen auf den Boden ... Heilmann war bereits nach dem ersten Tag so zerschlagen, daß er nur mühsam gehen konnte. Er humpelte über den Platz, den Kopf zurückgelegt, den Mund schmerzhaft geöffnet. Man drückte ihm einen Schubkarren in die Hand, und er mußte zum Gaudium der SS einen kleinen jüdischen Rechtsanwalt aus Berlin in diesem Schubkarren spazierenfahren ... Dann wurden sie zur Latrine geführt, man gab ihnen Schippen in die Hand und verlangte, daß sie sich mit Kot bewerfen. Rund herum stand die lachende SS, und Heilmann sagte: ›Ich mache ja jeden Spaß mit. Ich tue alles, was ihr verlangt, nur erschießt mich nicht!‹ Das Herz hat sich mir im Leibe umgedreht bei diesem Anblick.«

Der untere Lagerhof mit den Garagen und dem Wachtturm.

Die Todesstiege vom Lager zum Steinbruch. Über diese Stufen mußten die Häftlinge abends bis zu 50 kg schwere Steine hinaufschleppen. Oft brachen sie zusammen und rissen ihre Kameraden mit in den Tod.

Hier hat der Lagerkommandant Ziereis seine zwei »unzuverlässigen« Bluthunde erschossen. Jetzt wird vor dem Wachhund des Museumsverwalters gewarnt.

Heute ist dies die Klagemauer der Erinnerung, einst sind hier ungehorsame Häftlinge ausgepeitscht, revoltierende gepeinigt und Ausbrecher zu Tode gemartert worden.

Im Tausendjährigen Reich waren die Häftlingslager auf ein langes Überdauern hin gebaut.

Drei, vier oder gar fünf Leichen wurden in jedem Krematoriumsofen aufgeschichtet, um die Kapazität zu erhöhen und so die Unkosten zu senken.

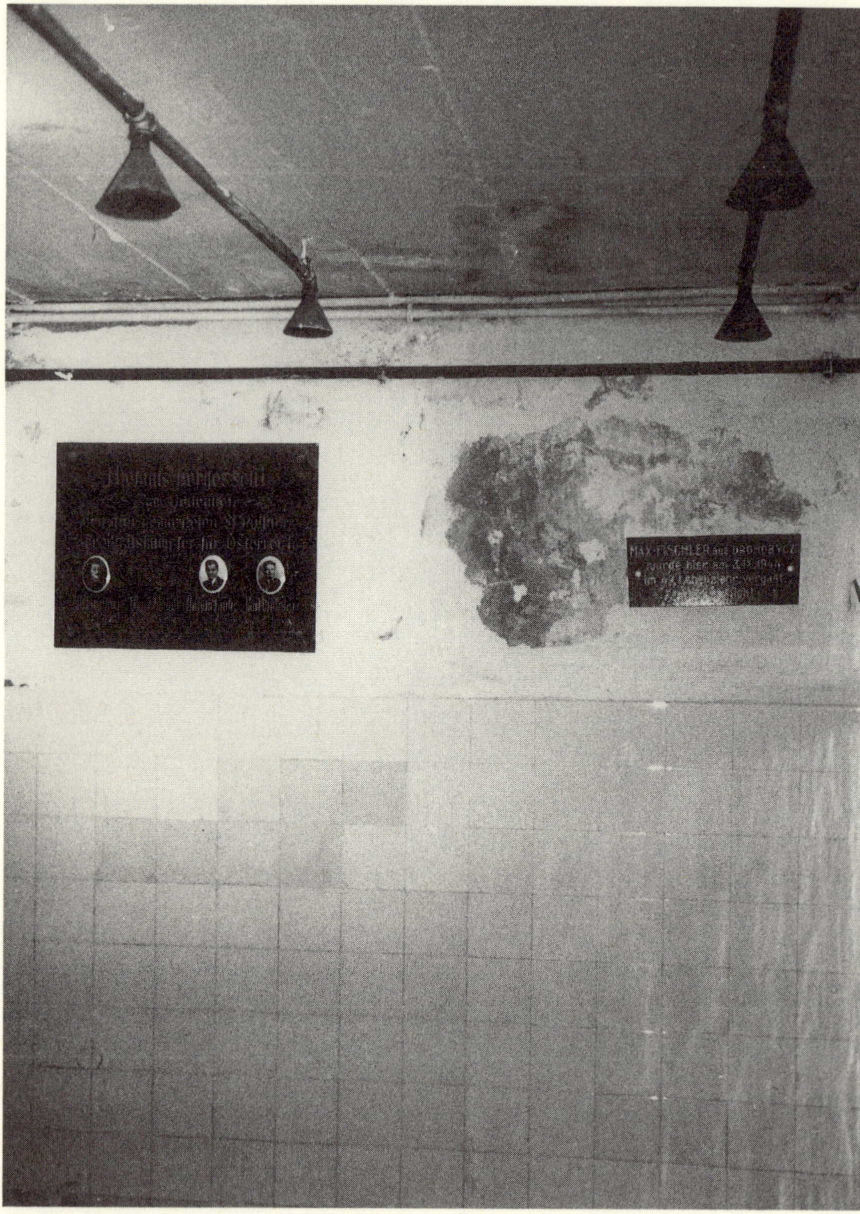

Die Gaskammer: Tausende haben hier ihren Tod gefunden, wenn statt des Duschwassers Blausäure ausströmte.

Die Todesmauer des KZ Mauthausen, wo jene Häftlinge erschossen wurden, die nicht durch brutalere Methoden den Tod fanden.

Der Block 20, von dem aus im Februar 1945 etwa sechshundert sowjetische Kriegsgefangene einen Ausbruchversuch unternommen hatten, der Hunderten das Leben kostete.

Langhoffs Tatsachenbericht strotzt von solchen widerwärtigen Begebenheiten. Der Autor erläutert im Vorwort: »Ich bin geboren am 6. Oktober 1901 in Berlin. Mein Vater ist Mecklenburger, die Mutter aus Thüringen. Ich bin Arier. Mit 18 Jahren wurde ich Schauspieler. Ich spielte als jugdl. Held in Königsberg, Hamburg, Berlin, Wiesbaden und Düsseldorf. Jetzt bin ich am Zürcher Schauspielhaus. Zwischen Düsseldorf und Zürich liegen für mich 13 Monate Haft und Konzentrationslager. Darüber gebe ich hier einen Bericht ab. Ich schwöre, die reine Wahrheit zu sagen.«

Wer damals sein Buch gelesen hatte, war empört, daß die Machtträger eines zivilisierten Volkes sich dermaßen brutal an unschuldigen Andersdenkenden vergingen. Dabei war dies erst der Anfang, basierend auf der Notverordnung ebenjenes 28. Februar 1933 und den vom preußischen Innenminister Hermann Göring am 3. März 1933 erteilten Weisungen. Sie richteten sich zunächst vor allem gegen Kommunisten, hatte doch Hitler schon Jahre zuvor in Hamburg erklärt: »Wenn eine Bewegung den Kampf gegen den Marxismus durchführen will, hat sie genauso intolerant zu sein, wie es der Marxismus selbst ist. Wir haben nicht eher Ruhe, bis die letzte Zeitung vernichtet ist, die letzte Organisation erledigt ist, die letzte Bildungsstätte beseitigt ist und der letzte Marxist bekehrt oder ausgerottet ist.«

Schon wenige Tage später, am 20. März 1933, verfügte Heinrich Himmler als Kommissarischer Polizeipräsident von München die Errichtung des ersten eigentlichen Konzentrationslagers, dies auf dem Gelände und in den Steinbaracken einer ehemaligen Pulverfabrik in der Nähe von Dachau bei München. Heute will zwar – außer jenen, die in diesen Anstalten schmachten mußten – keiner etwas von ihnen gewußt haben, obwohl der »Völkische Beobachter« schon am 21. März in aller Offenheit meldete: »Hier werden die gesamten kommunistischen und, soweit dies notwendig ist, Reichsbanner und sozialdemokratischen Funktionäre zusammengezogen ... Es hat sich gezeigt, daß es nicht angängig ist,

diese Leute in die Freiheit zu entlassen, da sie weiter hetzen und Unruhe stiften ...«
Im sächsischen Konzentrationslager Hohnstein kam es schon 1934 zu schwersten Mißhandlungen von Häftlingen. Zu dieser Zeit geschah es freilich noch, daß solche Übergriffe geahndet wurden. Gegen 23 SA-Leute erging Anklage, und der damalige Reichsjustizminister Dr. Franz Gürtner ließ unmißverständlich verlauten: »Die Art der Mißhandlungen zeugt von einer Roheit und Grausamkeit der Täter, die deutschem Empfinden und Fühlen völlig fernliegt. Derartige an orientalischen Sadismus erinnernde Grausamkeiten können auch in der größten kämpferischen Erbitterung keine Erklärung und Entschuldigung finden ...« Die 23 Angeklagten wurden zu allerdings eher symbolischen Strafen verurteilt. Der Staatsanwalt und die Schöffen, die bei diesem Prozeß mitgewirkt hatten, wurden aus der Partei beziehungsweise aus der SA ausgestoßen, weil sie hohe Nazifunktionäre verurteilt hatten. Wenige Monate später hat Hitler die Verurteilten begnadigt.
»Staatsabträgliches« oder »staatsfeindliches Verhalten« hießen die Gründe und Vorwände für die Festnahme. Die Häftlinge wurden ihrer Herkunft nach gekennzeichnet: ein rotes Stoffdreieck für politische Häftlinge, Lila für Bibelforscher, Schwarz für Asoziale, Grün für Kriminelle, Rosa für Homosexuelle und Blau für Emigranten. Jüdische Häftlinge trugen zur weiteren Kennzeichnung ein darübergenähtes gelbes Dreieck, wodurch so etwas wie ein sechseckiger Zionsstern entstand. Anfänglich waren die Konzentrationslager ausschließlich für Deutsche gedacht. Nach der Eroberung Österreichs und der Tschechoslowakei, erst recht dann nach Kriegsausbruch, kamen Ausländer hinzu. Ihre Nationalität wurde in den Lagern durch aufgenähte Buchstaben gekennzeichnet.
Mit dem Schutzhafterlaß vom 25. Januar 1938 wurden die Bestimmungen vom April 1934 wesentlich erweitert. Hier stand der ominöse Zusatz: »Die Schutzhaft ist grundsätzlich in staatlichen Konzentrationslagern zu

vollstrecken.« Dieser Erlaß bildete die Basis für die anderthalb Monate später gegen oppositionelle Österreicher inszenierten Aktionen. Schon am 1. April 1938, kaum zwei Wochen nach dem »Anschluß«, wurden die österreichischen Prominenten nach Dachau abgeführt. Leopold Figl, der spätere Bundeskanzler, erhielt die Nummer 13.897 und wurde im Block 13, dem Österreicherblock, untergebracht. Der Wiener Textilindustrielle Franz Mayer-Gunthof erinnert sich an den Beginn seiner KZ-Haft: »Durch das kleine Fenster hat man immer wieder weiße Flankerln wie Schneeflocken gesehen. Ich war von der ungewöhnlichen Unterernährung ziemlich geschwächt, habe mich aber doch einmal zu dem Fenster hinaufgeturnt, und dann sah ich unten Leichen über Leichen. Und ich habe mit Schrecken erkannt, daß wir direkt über den Gaskammern waren, und ich habe gesehen, wie die Menschen vergast und ihre Leichen verbrannt wurden. Die Schneeflocken, das waren Aschenteilchen vom Krematorium ...«
Dr. Josef Müller, von Freunden liebevoll »Ochsensepp« genannt, der nach Kriegsende in München die Christlichsoziale Union gründete, war während der Nazizeit ein religiös motivierter deutscher Widerstandskämpfer. Er wurde durch die Konzentrationslager Buchenwald, Flossenbürg und Dachau geschleppt. Ein kleines Steinchen aus seinem Erinnerungsmosaik über die Ankunft in Flossenbürg: »Direkt vor uns, am Appellplatz, stand ein Galgen. Wie gebannt schauten wir zu ihm hin. Liedig (ein Mithäftling) sagte leise: ›Furchtbar‹, und ich antwortete mit einem Satz aus der ›Göttlichen Komödie‹: ›Lasciate ogni speranza!‹ So steht es bei Dante über dem Inferno, dem Eingang zur Unterwelt, dem Ort der Schmerzen, in den die Verlorenen eintreten. Wir wurden zum Lagerbunker geführt und in Zellen eingeschlossen ... Wenig später kam ein vierschrötiger SS-Mann in meine Zelle, es war, wie ich bald herausfand, der Gestapo-Kommissar Stawitzki, einer der Leute, die im Sonderkommando des SD (Sicherheitsdienst) zur Aufklärung des Putsches vom 20. Juli mitwirkten ...

Stawitzki ordnete an, ich müsse nicht nur Handschellen tragen, sondern gleichzeitig auch Fesseln an den Beinen, Eisenringe in einer Breite von zweieinhalb bis drei Zentimetern, die über den Knöcheln geschlossen wurden und so eng aneinander befestigt waren, daß es nicht mehr möglich war, auch nur einen Schritt zu gehen. Hand- und Fußfesseln mußte ich auch nachts tragen ... Schon am ersten Tag schlug er mir mit voller Wucht in die Zähne und schrie: ›Dich Hund bringe ich noch zum Reden!‹ Neben ›Hund‹ wurde ich von ihm noch als ›Verbrecher‹ oder ›Lump‹ angesprochen, und immer wieder schlug er mit der Faust zu ...« Bis zu seinem Tod im September 1979 waren Josef Müllers Handgelenke von den Martern der Fesseln gezeichnet.

Der Franzose Edmond Michelet, nach dem Krieg zunächst Armee- und dann Justizminister unter Präsident Charles de Gaulle, verbrachte anderthalb Jahre in Dachau: »Achtzehn Monate! Wie lang waren sie gewesen. Sie schienen kein Ende nehmen zu wollen. Die Pappeln der Lagerstraße hatten sich zum zweitenmal blaßgelb gefärbt, die Appelle spielten sich morgens und abends unter den gleichen Formen an der gleichen Stelle, vor den gleichen Gebäuden ab, über deren Dächern immer der gleiche zynische, bösartige, entmutigende Satz, in großen gotischen Buchstaben, stand: ›Es gibt einen Weg zur Freiheit.‹ Seit der Landung (der Alliierten in der Normandie am 6. Juni 1944) kommt aus Frankreich keine Nachricht mehr zu uns durch. ... Was passiert eigentlich bei uns? Ist das Gebiet also doch noch nicht ganz befreit? Werden wir es jemals werden? An der Schwelle dieses zweiten Winters greift die Mutlosigkeit auch nach den größten Optimisten, nach denen, die so tun, als ob sie Optimisten blieben ...« Aber Edmond Michelet hat zehn Jahre nach Kriegsende sein Erinnerungsbuch, zu dem der deutsche Bundeskanzler Konrad Adenauer das Vorwort schrieb und das mit einem herzlichen Freundschaftsbrief von General de Gaulle schließt, unter einen optimistischen Titel gestellt: »Die Freiheitsstraße«.

Fritz Bock

Im KZ Pläne geschmiedet für die Zukunft der Heimat

Dr. Fritz Bock, Vizekanzler a. D.

1911 in Wien geboren, Studium der Rechtswissenschaft, 1933 unter Bundeskanzler Engelbert Dollfuß Funktionär und dann unter Bundeskanzler Kurt Schuschnigg Bundeswerbeleiter der »Vaterländischen Front«. Beim Einmarsch der deutschen Truppen im März 1938 verhaftet und kurz danach ins KZ Dachau überstellt. Nach etwa einem Jahr wegen Haftunfähigkeit entlassen. Widmete sich trotz polizeilicher Aufsicht dem aktiven Widerstand und konnte sich durch Flucht nach West-Österreich, das bereits von den Amerikanern befreit worden war, einer neuerlichen Verhaftung entziehen. 1947 Hauptreferent für Sozialpolitik der Österreichischen Volkspartei, 1952 Staatssekretär im Ministerium für Handel und Wiederaufbau, 1955 in gleicher Funktion im Finanzministerium, 1956 Handelsminister. 1966 wurde er unter Beibehaltung des Handelsministeriums Vizekanzler. 1968 schied er aus seinen Ämtern aus und ist heute Vorsitzender des Aufsichtsrates der Creditanstalt-Bankverein.

Eine der allerersten Maßnahmen noch während des Einmarsches der deutschen Truppen in Österreich in der Nacht vom 11. auf den 12. März 1938 war der Beginn einer großen Aktion, mit der zahlreiche Österreicher, deren patriotische Gesinnung seit langem bekannt und in Berlin dementsprechend registriert war, verhaftet wurden. Insgesamt wurden in den ersten drei Wochen mehr als 6000 patriotische Österreicher hinter Schloß und Riegel gesetzt. 150 von ihnen wurden mit dem ersten Österreicher-Transport, dem sogenannten »Prominententransport«, in der Nacht vom 31. März auf den 1. April 1938 nach Dachau gebracht. Es waren vornehmlich die Amtswalter der Schuschnigg-treuen Vaterländischen Front, unter ihnen der spätere Bundeskanzler Leopold Figl, der spätere Unterrichtsminister Felix Hurdes, der spätere Staatssekretär Ferdinand Graf, Oberst Walter Adam und viele andere, darunter auch ich. Mit uns waren auch viele Sozialdemokraten wie der spätere Minister Franz Olah und Alexander Eifler, Stabschef des sozialdemokratischen Schutzbundes, und auch einige Kommunisten. Mit einem eigenen Transport wurden auch die beiden Söhne des 1914 in Sarajewo ermordeten Thronfolgers Erzherzog Franz Ferdinand, Herzog Max und Fürst Ernst von Hohenberg, nach Dachau gebracht. Über diese Transporte ist mit Recht viel geschrieben worden, und sie fanden ihre Ergänzung in den nachfolgenden Massentransporten von Österreichern aller politischen Gruppen, die sich bis zur Mitte des Jahres 1938 in Dachau versammelten. Die Österreicher bildeten lange Zeit eine eigene Gefangenengruppe, die zu verschiedenen Anlässen, wie etwa beim Besuch von Himmler, immer wieder vorgeführt wurde.

Nach Überwindung des ersten Schocks fanden sich die Österreicher bereits im Sommer 1938 hinter Gittern zu Gesprächen zusammen, bei denen von nichts anderem geredet wurde als von dem, was man machen wollte, wenn Österreich wieder frei sein werde. Bedenkt man den Ort und den Zeitpunkt, so waren solche Gespräche als skurril zu bezeichnen. Niemand wußte, ob und wann Österreich je wieder frei sein werde, und noch weniger wußte man, ob man als KZ-Häftling den nächsten Tag überhaupt noch erleben würde. In diesen Gesprächen schworen wir uns, den erhofften Wiederaufbau Österreichs nicht wie in der Ersten Republik als politische Feinde, sondern als Freunde in gemeinsamer Arbeit durchführen zu wollen. Dieser Wille zur Gemeinsamkeit machte 1945 den österreichischen Wiederaufbau insofern leichter, als wir alle dasselbe Ziel hatten: unser Land in gemeinsamer Arbeit wiederherzustellen!

Dieser gemeinsame Wille bedeutete nicht, daß weltanschauliche und parteipolitische Gegensätze oder Unterschiede als beseitigt gelten durften oder sollten. Eine Demokratie lebt immer von der Unterschiedlichkeit politischer Auffassungen, die wir weder im KZ noch nachher jemals geleugnet haben. Aber wir wußten, daß man das Land nur durch gemeinsame Arbeit wiederaufbauen konnte. Diese Gemeinsamkeit war 1945 und danach zehn Jahre lang bis 1955 auch eine unbedingte Voraussetzung dafür, daß sowohl die provisorische Staatsregierung unter Dr. Karl Renner wie alle nachfolgenden parlamentarischen

Regierungen bis zum Ende der Besatzungszeit den Boden für die volle Freiheit des Landes aufbereiten konnten. Die provisorische Staatsregierung sowie die erste Regierung unter Leopold Figl waren bis 1947 Koalitionsregierungen, in denen alle drei parlamentarischen Parteien, also auch die kleine Kommunistische Partei, vertreten waren. Nach dem Ausscheiden der Kommunisten aus der Regierung begann 1947 das Zeitalter der berühmt gewordenen »Großen Koalition« aus Österreichischer Volkspartei und Sozialistischer Partei Österreichs. Sie hatte noch elf Jahre über das Ende der Besatzungszeit hinaus, also bis 1966, Bestand. Danach wurde die Koalitionsregierung durch eine Einparteienregierung der ÖVP abgelöst, die bis 1970 die absolute Mehrheit im österreichischen Nationalrat vertrat.
Das gemeinsam durchgestandene Leid und die Erfahrungen der ehemaligen KZler, innerhalb der sieben NS-Jahre Haft immer wieder den notwendigen gemeinsamen Nenner zu finden, waren somit die Voraussetzung dafür, daß Österreich seinen Staatsvertrag bekam und in der Zeit vorher und nachher die kulturelle und wirtschaftspolitische Reorganisation des Landes stattfinden konnte.
Österreich ist auch seiner Ehrenpflicht gegenüber den Tausenden Todesopfern der politischen Verfolgung gerecht geworden; die politischen und wissenschaftlichen Kundgebungen im ersten Halbjahr 1988 legen darüber beredtes Zeugnis ab.

Mitwissen – Mitschuld?

Was Louis Haefliger von seinen Bankkunden über die Situation in den deutschen Konzentrationslagern, vor allem in Mauthausen, erfahren hatte, waren Bruchstücke. Sie ergaben kein abgerundetes Bild, doch einen Menschen wie Haefliger, der zwar eine harte Schale, aber ein empfindsames Herz hat, wühlten sie auf. Er wußte ein wenig mehr als die meisten seiner Landsleute, und er fühlte sich deshalb verpflichtet, etwas zu unternehmen.

Haefliger war keineswegs der einzige, dessen Wissen um die Greueltaten das Durchschnittsmaß überstieg. Die Frage muß also gestellt werden: Was wußten diejenigen, die in der freien Welt das Sagen hatten, und welche Konsequenzen zogen sie? Man darf dabei ja nicht vergessen, daß Konzentrationslager im Dritten Reich keine Ausnahmeerscheinung darstellten. Seine Machthaber hatten ein ganzes Netz dieser Terroreinrichtungen zunächst über das Reich und dann auch über die besetzten Gebiete und Länder gelegt.

Der oberste Chef der Mordindustrie, Heinrich Himmler, hatte seine diabolische Pedanterie und seinen geistig begrenzten Bürokratismus auch auf die Organisation des Lagerterrors ausgedehnt. Dementsprechend erließ er als »Reichsführer SS und Chef der deutschen Polizei« Verfügungen – administrative Terror- und Mordanweisungen, die in Deutschland und auch außerhalb des

Reiches nur wenig bekannt waren. Was sich hingegen in den Lagern abspielte, war keineswegs ein Geheimnis. Die brutale Inhaftierung von Millionen von Menschen, die von den Nazimachthabern und ihren Schergen als Untermenschen angesehen und entsprechend behandelt wurden, ließ sich kaum im Verborgenen betreiben. Im Januar 1945, als die militärischen Siege Nazideutschlands längst vernichtenden Niederlagen gewichen waren, zählte man allein im Reichsgebiet 714211 Konzentrationslagerhäftlinge; 511537 Männer und 202674 Frauen, die auf 85 Lager verteilt waren. Diese Zahl umfaßte natürlich nur jene, die das Jahr 1945 noch erlebt hatten.

Was also wußten die Regierungen der demokratischen Staaten? Was wußte man beim Internationalen Komitee vom Roten Kreuz in Genf? Louis Haefliger erklärte in einem Interview, das die große israelische Tageszeitung »Maariv« am 30. September 1979 veröffentlichte, er habe über die Naziverfolgungen Bescheid gewußt. Wörtlich hieß es: »Jeder Schweizer wußte es. Alle wußten, daß man die Juden verfolgte. Die Schweizer haben aber eine Begabung, dasjenige nicht zu wissen, was sie nicht wissen wollen.« Zu dieser Aussage steht in krassem Gegensatz, was das Internationale Komitee vom Roten Kreuz im Mai 1988 der Redaktion des deutschen Nachrichtenmagazins »Der Spiegel« schrieb: »Das IKRK erwog 1942, einen Appell zu lancieren, jedoch hatte es nur indirekte und bruchstückhafte Informationen, welche dem Appell nicht die nötige Glaubwürdigkeit gegeben hätten. Wäre das IKRK sich zu jener Zeit der Einzigartigkeit des Völkermordes an den Juden bewußt gewesen, hätte es vielleicht eine andere Position ergriffen, aber wie kann man a posteriori urteilen?« Die Wahrheit liegt wohl irgendwo in der Mitte. So sieht es jedenfalls der Historiker Prof. Jean-Claude Favez, der Rektor der Genfer Universität. Favez verfaßte im Auftrag des IKRK zu dessen 125jährigem Bestehen (1988) eine Studie darüber, was das Rote Kreuz während der Zeit des Dritten Reiches, also zwischen 1933 und 1945, zugun-

Der spätere Nazijäger Simon Wiesenthal, der bis zur Befreiung am 5. Mai 1945 in Mauthausen schmachtete, hat an Ort und Stelle seine Gedanken in Zeichungen umgesetzt. Hier der Wachtturm, wie er ihn sah – aus Totenschädeln gebaut.

sten der KZ-Häftlinge und der Juden tun wollte und tun konnte. Er erklärt wörtlich: »Seien wir ehrlich, nicht das ganze IKRK, aber Burckhardt persönlich spielte eine wesentliche Rolle. Burckhardt hat sehr, sehr viel gewußt.«

Immerhin hatte Professor Carl Jacob Burckhardt schon vier Jahre vor dem Zweiten Weltkrieg, vom 19. bis zum 27. Oktober 1935, als Mitglied des Internationalen Komitees vom Roten Kreuz die Konzentrationslager Lichtenburg, Esterwegen und Dachau besucht, nachdem ihm der Reichsführer-SS Heinrich Himmler persönlich die Erlaubnis dazu erteilt hatte. In seinem Bericht stellte Burckhardt fest, die materiellen Bedingungen ließen nichts zu wünschen übrig. Er beanstandete aber die Art, wie die Häftlinge behandelt würden: politische würden mit kriminellen Häftlingen zusammen untergebracht, ohne daß sie wußten, welches ihr weiteres Schicksal sein werde oder wie lange ihre Haft dauern würde.

Im Lager Esterwegen, in dem früher auch der bereits zitierte Wolfgang Langhoff festgehalten war, unterhielt sich Burckhardt mit einigen Häftlingen, so mit dem sozialdemokratischen Politiker und Publizisten Ernst Heilmann und dem Friedensnobelpreisträger Carl von Ossietzky, die beide auch in Langhoffs »Moorsoldaten« erwähnt sind. In Burckhardts Bericht heißt es wörtlich: » ... Am nächsten Morgen wurde ich von einem Beamten namens Tamaschke, der den humoristischen [sic!] Titel ›Sturmbannführer‹ führte, in früher Stunde aufs Tempelhofer Feld abgeholt. Eine Polizeimaschine stand auf dem Flugplatz bereit, und ich erklärte, mich nach Esterwegen begeben zu wollen ... Wir landeten bei Wilhelmshaven, dort erwartete uns ein Wagen, der uns hinaus ins Moor führte. Aus dem Bodennebel, als wir uns unserm Ziel auf einem Dammweg näherten, tauchten die Umrisse eines römischen Castrums auf, Wassergräben um ein gewaltiges Rechteck, vier Türme, mit Maschinengewehren in den Schießscharten bestückt, starkstromgeladene Stacheldrahtumzäunung, das Rechteck abgeteilt, nach dem Eingang eine Art Villenviertel für die Wachmannschaften; ein Weiher, ein kleiner, von den Häftlingen angelegter Berg oder besser Hügel mit Bergform, mit Blumen und Sträuchern bepflanzt, im zweiten, größeren Teil des Rechteckes die Baracken der Häftlinge, Küche, Lazarett, Latrinen und die Verhörräume. Das Übliche, man hat es inzwischen hundertfältig gesehen und erlitten. Der Lagerkommandant namens Loritz, Unteroffizier im Ersten Weltkrieg, war von Beruf ein Schlächter aus Bayern ... Ich sprach mit einer ganzen Anzahl von Häftlingen zeugenlos ... Einer der ersten Sträflinge, die ich ansprach, ein hochgewachsener, furchtloser Mann, lehnte seinen Besen an die Wand und stellte sich vor: ›Heilmann, preußischer Staatsminister, Sozialdemokrat und Jude.‹ Was er verlangte, war das Unmögliche, die Normen des Rechtsstaates, ein Verhör, einen Verteidiger, ein Urteil ... Auf meine Frage, wie die Behandlung sei, ging er kaum ein und sagte nur wegwerfend: ›Hundsföttisch.‹ ... Um 3 Uhr nachmittags, mitten auf dem großen Freiplatz zwischen den Baracken, sagte ich zu dem Kommandanten, Standartenführer Loritz: ›Jetzt wünsche ich Herrn von Ossietzky zu sehen und zeugenlos mit ihm zu sprechen, den Hamburger Pazifisten und Schriftsteller Ossietzky, den Nobelpreisträger.‹ Die Umstehenden nahmen eine fast drohende Haltung an, Loritz, hochrot im Gesicht, preßte hervor: ›Wen wollen Sie sehen? Wer ist das?‹ ›Sie wissen es genau.‹ ›Kein Häftling dieses Namens hier.‹ ›Doch, er ist hier, falls er noch lebt. Wir wollen keine Zeit verlieren‹, dann lauter, ›falls er nicht mehr lebt, mache ich Sie persönlich verantwortlich.‹ Jetzt schrie Loritz: ›Unmöglich, ausgeschlossen, ich weigere mich.‹ ... Nun, ein einziges Mal, entschloß ich mich auch zu dem Kasernenhofton: ›Was ist das für eine verdammte Schweinerei, daß hier Befehle nicht durchgehen. Sie kennen Ihren Befehl, ich sehe die Häftlinge, die ich zu sehen wünsche, und spreche mit ihnen, Sie wissen, um was es geht.‹ ... Nach zehn Minuten kamen zwei SS-Leute, die einen kleinen Mann mehr schleppten und trugen als heranführten. Ein zitterndes, totenblasses

Etwas, ein Wesen, das gefühllos zu sein schien, ein Auge verschwollen, die Zähne anscheinend eingeschlagen, er schleppte ein gebrochenes, schlecht ausgeheiltes Bein. Ich ging ihm entgegen, reichte ihm die Hand, die er nicht ergriff. ›Melden!‹ schrie Loritz. Ein unartikulierter, leiser Laut kam aus der Kehle des Gemarterten. Ich zu Loritz: ›Zurück!‹ ›Herr von Ossietzky‹, sprach ich ihn an, ›ich bringe Ihnen die Grüße Ihrer Freunde, ich bin der Vertreter des Internationalen Komitees vom Roten Kreuz, ich bin hier, um Ihnen, soweit uns dies möglich ist, zu helfen.‹ Nichts. Vor mir, gerade noch lebend, stand ein Mensch, der an der äußersten Grenze des Tragbaren angelangt war. Kein Wort der Erwiderung. Ich trat näher. Jetzt füllte sich das noch sehende Auge mit Tränen, lispelnd unter Schluchzen sagte er: ›Danke, sagen Sie den Freunden, ich sei am Ende, es ist bald vorüber, bald aus, das ist gut.‹ ... Dann ging er, das eine Bein nachschleppend, mühsam Schritt vor Schritt zu seiner Baracke zurück ...« Ossietzky starb drei Jahre später; den Nobelpreis hatte er nicht entgegennehmen dürfen. Heilmann fand 1940 im Konzentrationslager Buchenwald den Tod.

Eine erste Frage drängt sich auf: Warum klagte das Internationale Komitee nicht schon damals die Mörder vor aller Welt an? Warum stellten nach Burckhardts Ansicht »Rechtsnormen« für einen zivilisierten Staat wie Deutschland etwas »Unmögliches« dar? Vor dem Krieg hätte ein solcher Notschrei bestimmt eine positive Wirkung gehabt, denn ein Appell mit der Autorität des IKRK hätte viele zögernde Staatsmänner der freien Welt aufgerüttelt.

Dabei ging es weniger um die Information an sich: Über sie verfügte man in den westlichen Hauptstädten in ausreichendem Maße. Der politische Widerstand gegen Hitler war ja in Deutschland bereits organisiert und lieferte auf verschiedensten Wegen Nachrichten darüber, was sich im Dritten Reich abspielte. Der bayerische Widerstandskämpfer Josef Müller öffnete die Kanäle zum Vatikan, der von Genf aus operierende Willem

Adolph Visser't Hooft, Generalsekretär des Christlichen Studentenweltbundes, informierte die Regierungen der Westmächte, und die nationalen Nachrichtendienste lieferten Beweise genug. Für Burckhardt aber stellte all dies bloß »das Übliche« dar; Forderungen der KZ-Häftlinge nach rechtsgültigen Verfahren stufte er von vornherein als »das Unmögliche« ein. Er überhörte die Worte Heilmanns: »Ich verlange mein Recht. Es ist Ihre Pflicht, sobald Sie draußen sind, sich dafür einzusetzen.«

In der Schweiz informierte – um nur ein Beispiel herauszugreifen – das offiziöse und nach Kriegsausbruch offizielle »Büro Ha« unter der Leitung von Major Hans Hausamann den Bundesrat und, nach der Wahl des Generals, auch den Oberbefehlshaber der Armee. Im Herbst 1937 berichtete das »Büro Ha« von einer Geheimrede Himmlers, in der der Massenmörder wörtlich ausführte: »Wir werden in einem künftigen Krieg nicht nur die Front der Armee auf dem Lande, die Front der Marine zu Wasser, die Front der Luftwaffe in der Luftglocke über Deutschland, wie ich sie nennen möchte, sondern wir werden einen vierten Kriegsschauplatz haben: Innerdeutschland.« Wenig später informierte Hausamann die Zentrale in Bern, die deutsche Polizei sei praktisch mit der SS verschmolzen worden, man habe die Totenkopfverbände der SS, denen die Bewachung der Konzentrationslager überantwortet war, von 3500 bis 4000 Mann auf 30000 bis 35000 Mann verstärkt. »Sämtliche dem System bekannten Gegner, die im Laufe der sechs Jahre entweder einmal in Schutzhaft oder im Konzentrationslager waren, sind aus Sicherheitsgründen von der Gestapo wieder in die Konzentrationslager eingesperrt worden, gleichgültig, ob sie sich in der letzten Zeit politisch betätigt hatten oder nicht ... Himmler will mit dieser Maßnahme die Opposition ihrer ehemaligen Führer berauben«, meldete Hausamann noch vor dem Krieg und fügte an: »Um so höher muß der Mut der illegalen Kämpfer gegen das System eingeschätzt werden, die sich durch alle diese

Maßnahmen und den verschärften Terror nicht abschrecken lassen.« Diese mutigen Widerstandskämpfer aber wurden im Stich gelassen – von Paris und London, von Den Haag und Brüssel, von Stockholm und Washington, vom Vatikan und vom Roten Kreuz.
Nach Kriegsausbruch waren die Aktionsmöglichkeiten zweifellos beschränkter. IKRK-Mitglied Burckhardt mußte seinen Posten als Hochkommissar des Völkerbundes in Danzig aufgeben. Diese Maßnahme Hitlers war zweifelsohne nicht gegen die Person Burckhardts, sondern gegen den Völkerbund gerichtet. Bezeichnenderweise hatte der schweizerische General Henri Guisan den einstigen Hochkommissar nach dem Zusammenbruch Frankreichs zweimal (am 14. August und am 9. November 1940) mit der Führung einer »Spezialambassade« in Berlin beauftragen wollen, um die Naziregierung zu beschwichtigen. Worauf aus Berlin zu vernehmen war, Burckhardt habe »das Ohr Hitlers«!
Es seien aus all dem keine falschen Schlüsse gezogen, aber diese Vorgeschichte wirft doch Licht auf die Ereignisse, die sich 1942 in Genf abspielten. Damals wurde dem IKRK der Vorschlag unterbreitet, einen weltweiten Appell gegen die Grausamkeiten Nazideutschlands zu erlassen. Eine große Mehrheit des Komitees sprach sich in dieser oder jener Weise für den Antrag aus. Burckhardt aber lehnte ihn entschieden ab. Es lag auch eine Intervention der Bundesbehörden gegen einen solchen Appell vor, und hier spielten offenbar die Kräfte parallel: Edouard de Haller war Delegierter des Bundesrates für die internationalen Hilfswerke, also der maßgebende Mann gegenüber dem IKRK. Hallers Gattin aber war die Schwester von Pierre Bonna, dem Chef der Abteilung für Auswärtiges im Eidgenössischen Politischen Departement, wie das Außenministerium damals hieß. Offenbar war eine negative Stellungnahme schon vor der Sitzung, die in Abwesenheit des erkrankten Präsidenten Prof. Max Huber von Edouard Chapuisat geleitet wurde, zwischen Bonna, de Haller, Burckhardt und Chapuisat festgelegt worden.

Natürlich gab es Gründe, die gegen einen solchen Appell sprachen. Hans Bachmann, heute Ehrenmitglied des IKRK, damals engster Mitarbeiter Burckhardts, betont ausdrücklich: »Ein solcher Appell wäre unnütz gewesen, weil sich Hitler dadurch sicher nicht hätte beeindrucken lassen, und zudem hätte er dem IKRK enorm schaden können. Wir verteilten immerhin täglich Hilfsgüter in großen Mengen, meistens amerikanischer Herkunft, an die Kriegsgefangenen in Deutschland. All das, und was man nachher zum Beispiel in Ungarn leisten konnte, wäre in Frage gestanden. Natürlich wäre man heute froh, wenn man sich auf einen solchen Appell berufen könnte, aber man muß sich in der Beurteilung die damalige Situation vor Augen halten.«
Hans Bachmann hat sicher recht mit seinen Überlegungen. Aber warum gibt man heute von Genf aus nicht eine entsprechende Erklärung ab und beruft sich statt dessen darauf, »sich der Einzigartigkeit des Völkermordes nicht bewußt gewesen« zu sein? Burckhardt hatte doch, wie Favez sagte, »sehr, sehr viel gewußt«! Aber für ihn war das KZ »das Übliche«, und die gemarterten KZ-Insassen verlangten »das Unmögliche«!
Was die Haltung der offiziellen Schweiz anbelangt, so kann man sich auf die Aussage des Historikers Professor Hans Ulrich Jost berufen: »Das Bild der offiziellen schweizerischen Außenpolitik blieb schillernd und zweideutig. Es trug in keiner Weise dazu bei, die Stellung der Schweiz zu klären, vermied aber auch eine nicht rückgängig zu machende Verpflichtung der Schweiz. Im Rahmen eines pragmatischen Opportunismus kann dies durchaus als Neutralitätspolitik bezeichnet werden.«
Es ist zwar keine Entschuldigung, aber immerhin ein gewichtiger Hinweis, wenn man hervorhebt, daß auch die großen Demokratien des Westens nicht viel mutiger waren. Zur Illustration sei der französische Historiker und Schriftsteller Raymond Cartier zitiert, der über die Zeit des Zweiten Weltkrieges aussagte: »Im Laufe der letzten Jahre waren den alliierten und neutralen Regierungen, dem Internationalen Roten Kreuz und dem

Vatikan zahlreiche Berichte über die fürchterlichen Greueltaten der Nazis zugegangen, über Vivisektionen an Menschen und über die methodische Ausrottung der Juden. Offensichtlich auf Tatsachen beruhend, waren diese Berichte dennoch mißtrauisch und mit Skepsis aufgenommen worden. Die alliierte Propaganda hatte darauf verzichtet, sie mit zu verwerten, aus Angst, in eine Falle grober Übertreibung zu geraten.«

Diplomatische Erfolge dank deutscher Niederlage

Im Herbst 1942, als immer mehr Anfragen nach dem Verbleib von Angehörigen bei der Zentrale in Genf eintrafen, hatte ein schon 1940 geschaffener Spezialdienst die Aufgabe übernommen, nach Juden zu forschen, die aus Deutschland oder aus vom Dritten Reich besetzten Ländern nach dem Osten deportiert worden waren. Die deutschen Amtsstellen verweigerten aber systematisch Auskünfte über Nichtarier, und im Oktober 1942 stellte das IKRK lapidar fest: »Es ist nicht möglich, eine allgemeine Demarche zugunsten der Juden zu unternehmen:« *(Il n'est pas possible de faire une démarche générale au sujet des Juifs.)* Im Januar 1943 versprach das Komitee, es werde sein möglichstes in bezug auf das jüdische Problem unternehmen, »aber ohne zu riskieren, die Gesamtheit seiner Aktivitäten zu kompromittieren«.

Dies war die Zeit der regen und verschwiegenen Diplomatie, vor allem da sich in Rußland allmählich die ersten deutschen Rückschläge abzeichneten und die Alliierten in Marokko und Algerien landeten. Dies war aber auch die Zeit, da der Diplomat Allan Dulles, der Bruder des späteren US-Außenministers John Foster Dulles, in Bern seine Tätigkeit als Leiter des amerikanischen Geheimdienstes für Europa aufnahm.

Schon kurz nach Beginn des deutschen Rußlandfeldzuges am 22. Juni 1941 hatten deutschfreundliche – oder eher: nazifreundliche – Eidgenossen versucht, die

Hoher Besuch in Mauthausen: Reichsführer-SS Heinrich Himmler mit Gefolge.

Inspektion von ganz oben (v.l.n.r.: Lagerkommandant Ziereis, Gauleiter von Oberdonau August Eigruber, Reichsführer-SS Heinrich Himmler, an 6. Stelle SS-Obergruppenführer Ernst Kaltenbrunner). Beim Nürnberger Kriegsverbrecherprozeß hatte Kaltenbrunner behauptet, nie ein KZ von innen gesehen zu haben, bis dieses Foto das Gegenteil bewies.

Der Kommandant Franz Ziereis, außerhalb des Lagers, mit steifem Hitlergruß.

Schweiz in »den Kampf gegen den Bolschewismus« einzuschalten. Man verbrämte das mit der Idee, eine »Ärztemission« an die Ostfront zu entsenden, und berief sich bezeichnenderweise darauf, die Schweiz habe ja die große Ehre, das IKRK zu beherbergen. Als Missionschef schlugen diese Kreise Divisionär Eugen Bircher vor. Der General mußte sogar von seiner Bedingung abrükken, Bircher die Mission erst nach seiner Demission als aktiver Divisionskommandant zu gestatten; schließlich einigte man sich auf eine zwanzigtägige Beurlaubung. Die Mission kam nur in deutschen Lazaretten zugunsten deutscher Verwundeter zum Einsatz; die Betreuung russischer Verwundeter in deutscher Kriegsgefangenschaft wurde ihr verwehrt. Ohne Wissen der meisten Teilnehmer hatte Oberstdivisionär Johannes von Muralt, Präsident des Schweizerischen Roten Kreuzes und des Hilfskomitees, mit dem Oberkommando des deutschen Heeres eine Vereinbarung getroffen, wonach alle Mitglieder dieser zivilen Hilfsaktion dem deutschen Militärstrafgesetz und der deutschen Kriegsverfahrensordnung unterstellt wurden. Obwohl zahlreiche patriotische Schweizer gegen dieses Verhalten protestierten, folgten der ersten schweizerischen Ostfrontärztemission, die unter Eugen Bircher am 15. Oktober 1941 abreiste, noch weitere. Gerade in den Tagen, von denen hier die Rede ist – genauer: am 24. November 1942 –, verließ die vierte Mission die Schweiz. Divisionär Eugen Bircher referierte nach seiner Rückkehr mehrmals vor deutschfreundlichem Publikum, meist nach der Propagandarede eines Deutschen. Einmal dankte er dabei »dem Führer, daß wir, die Schweizer Ärztemission, teilnehmen dürfen am Kampf gegen den Bolschewismus«.

In den Herbsttagen 1942 schickte das IKRK eine Note an seine in Berlin stationierte Delegation. Darin hieß es, man habe bisher Gesuche um Nachforschungen nach Deportierten dem Deutschen Roten Kreuz übermittelt, denn dies sei das einzige gewesen, was man habe tun können. Anläßlich seines letzten Besuches habe der zuständige Mann des Deutschen Roten Kreuzes nun aber erklärt, seine Organisation sei verpflichtet, jede Nachforschung nach Juden zurückzuweisen. Im Anhang an diese Note fand sich eine Wunschliste des IKRK mit vier Punkten:

1. Wir wünschen lebhaft individuelle Informationen über den gegenwärtigen Aufenthaltsort der verhafteten, eingesperrten oder ins Ausland deportierten Personen, um ihre Familien zu benachrichtigen und, in bestimmten Fällen, weitere Kreise, die sich um ihr Schicksal ängstigen.
2. Könnte man diesen Personen die Möglichkeit geben, ihren Familien Nachrichten zukommen zu lassen? Im Fall, daß ein normaler Korrespondenzaustausch erlaubt werden könnte, wäre vielleicht die Verwendung einfacher gedruckter Formulare zu prüfen, ähnlich den Gefangenenkarten, deren Verwendung den Kriegsgefangenen zugestanden wird.
3. Könnten die Familien der Sträflinge oder die nationalen Rotkreuzgesellschaften die Erlaubnis erhalten, ihnen Pakete zukommen zu lassen?
4. Könnten die Delegierten des IKRK eine Besuchserlaubnis bekommen? Dieses Vorgehen wäre sehr empfehlenswert aus Gründen, die wir bereits geltend gemacht haben (Besuche von deutschen Staatsbürgern, die in Feindesland interniert sind).

Am 22. Dezember 1942 mußte die IKRK-Delegation in Berlin die abschlägige Antwort des deutschen Auswärtigen Amtes nach Genf übermitteln. Fast zur gleichen Zeit konnte die IKRK-Delegation in der deutschen Reichshauptstadt aber berichten, gemäß dem Außenministerium seien die Franzosen, die irrtümlicherweise (sic!) im Lager Mauthausen interniert waren, in Kriegsgefangenenlager überstellt worden. Die Delegation hoffe, die gleiche »Begünstigung« werde auch den in Mauthausen festgehaltenen spanischen Republikanern zuteil. Andererseits mußte sie aber zugeben, nichts zugunsten der Polen unternehmen zu können, die »in Unzahl in den Konzentrationslagern« festgehalten wurden.

In jenem Herbst 1942 ersuchte IKRK-Präsident Carl Jacob Burckhardt ein weiteres Mal um ein Zusammentreffen mit Himmler. Die Kopie von Burckhardts Schreiben ist zwar unauffindbar, aber die Antwort von Himmlers Adjutanten vom 27. Oktober liegt vor. Darin teilte dieser mit, sein Chef wäre glücklich, den Gesuchsteller zu treffen, nur sei er gegenwärtig nicht in Berlin. Was wollte Burckhardt bei Himmler? Er wollte die Befreiung der polnischen Gräfin Karolina von Lanckoronska erwirken, die im August in Paris verhaftet und nach Ravensbrück verbracht worden war. Burckhardt kannte die Gräfin von der schweizerischen Gesandtschaft in Wien her, zudem arbeitete ihr Bruder, der geflohen war, beim IKRK in Genf mit. Für eine polnische Aristokratin, so wird gelegentlich argumentiert, habe Burckhardt also interveniert, für unzählige Juden und andere KZ-Häftlinge aber keinen Finger gerührt. Diese Beurteilung ist voreilig. Zweifellos hätte Burckhardt nie auf ein Zusammentreffen mit Himmler hoffen dürfen, wenn er als Gesprächsthema die Befreiung aller KZ-Insassen angegeben hätte. Es ist also durchaus möglich, daß Burckhardt die Befreiung der polnischen Gräfin als Vorwand verwenden wollte – allerdings existieren für diese Version keinerlei Beweise.

Am 19. Februar 1945 traf Himmler in Hohen-Lüchen, 120 km nordöstlich von Berlin, mit Graf Folke Bernadotte zusammen, dem Neffen des schwedischen Königs Gustav V. Adolf. Bernadotte setzte sich als Vizepräsident des Schwedischen Roten Kreuzes ebenfalls für KZ-Insassen ein und erhielt die Zusage, alle skandinavischen Häftlinge würden in einem einzigen Lager versammelt; zudem leite man ihre Rückschaffung in die Heimat in die Wege, wie auch jene der inhaftierten französischen Frauen. Himmler war viel an einer solchen Geste gelegen, weil er bereits begonnen hatte, seinen Mantel nach dem Wind zu hängen. Zur gleichen Zeit soll Burckhardt – so ein IKRK-Bericht – erneut um eine

Unterredung mit Himmler ersucht haben. Doch gibt es Dokumente, die erkennen lassen, daß es Himmler war, der die Unterredung anregte. Wie dem auch sei: Das Treffen kam nicht zustande, da Himmler im Januar zum Oberkommandierenden der Weichselfront ernannt worden war.

An Himmlers Stelle stand SS-Obergruppenführer Ernst Kaltenbrunner als Gesprächspartner zur Verfügung – ein zwei Meter großer Riese mit grobem, viereckigem Kinn und tiefen Säbelnarben von Mensuren aus der Studentenzeit. Das Treffen fand am 12. März 1945, genau sieben Jahre nach dem Anschluß Österreichs, in der Nähe von Feldkirch in Vorarlberg statt. Burckhardt, der von Hans Bachmann begleitet war, kam dabei auf das Anliegen zu sprechen, das von den USA der Schweiz als Schutzmacht unterbreitet worden war: Die Amerikaner wollten, daß IKRK-Delegierte in den Kriegsgefangenenlagern eingesetzt würden, um deren Übergabe vorzubereiten. Da diese Lager aber seit September 1944 ebenfalls der Kontrolle der SS unterstanden, wurde die Diskussion über den Begriff »Lager« bewußt vage gehalten.

Am 29. März bestätigte dann Kaltenbrunner, mit den deutschen Behörden das in Feldkirch Besprochene geprüft zu haben. Natürlich unterstrich er »den guten Willen« der betreffenden Deutschen, wenngleich die angefügten Bedingungen eine andere Haltung bekundeten:

- Der globale Austausch von französischen und deutschen Zivilinternierten bevorteile die Franzosen, weil in Deutschland 62000 französische Zivilisten befreit werden müßten – dies gegen nur 15000 in Frankreich internierte Deutsche. Diese seien – so behauptete Kaltenbrunner – allein deswegen verhaftet worden, weil sie in Frankreich zurückblieben. Dagegen hätten die in deutscher Haft befindlichen Franzosen Anschläge gegen die Besatzungstruppen begangen. Immerhin stimmte Kaltenbrunner dem Austausch unter der Bedingung zu, daß jede Verfolgung von Franzosen, die mit den Deutschen kollaboriert hatten, unterlassen werde. Daß das IKRK keine Einflußmöglichkeit auf die französische Rechtsprechung hatte, stand auf einem anderen Blatt.

- Wenn der globale Austausch nicht möglich sei, könne man sich auf einen gegenseitig austarierten Austausch einigen und zum Beispiel mit der Heimschaffung der Greise, Kranken, Frauen und Kinder beginnen.
- Die Aufteilung der Zivilinternierten in separate Lager nach Nationalitäten, wie sie gegenwärtig bei den Norwegern und Dänen durchgeführt werde, könne ins Auge gefaßt werden.
- Die Lieferung von Lebensmitteln, Kleidern und Medikamenten durch das Internationale Komitee vom Roten Kreuz sei durch das deutsche Außenministerium »im Einvernehmen mit meinen [Kaltenbrunners] Dienststellen« erlaubt worden.
- Was die Überführung der zivilinternierten Juden in die Schweiz anbelange, habe er, Kaltenbrunner, eine zustimmende Haltung vorgefunden. Hier könne man »keine Reziprozität und keine Kompensation« ins Auge fassen; es sei aber zu überlegen, in welcher Form und in welchem Bereich Deutschland »Kompensationen erwarten« könne.

Einen Monat später, am 29. April 1945, richtete IKRK-Präsident Carl Jacob Burckhardt ein Schreiben an Franz Ziereis, den Kommandanten des Konzentrationslagers Mauthausen. Darin teilte er ihm mit, anläßlich der Gespräche mit Obergruppenführer Ernst Kaltenbrunner sei vereinbart worden, das IKRK ernenne Delegierte für jene Konzentrationslager, in denen sich Häftlinge ausländischer Nationalität befänden. Die Delegierten würden bis zum Ende des Krieges in diesen Lagern bleiben. Burckhardt berief sich auch auf ein weiteres Zusammentreffen mit Kaltenbrunner vom 24. April – ein Gespräch zwischen diesem und Hans

Bachmann, bei dem die vorher getroffenen Abmachungen bestätigt worden seien. »Wenn also ein Lagerkommandant«, schrieb Burckhardt, »sich weigert, diese Vertreter (Delegierte des Internationalen Komitees und Pflegepersonal) zu empfangen, handelt er gegen einen Befehl, oder die gegebenen Befehle kommen an ihrem Bestimmungsort nicht an.« Er forderte Ziereis auf, den Überbringer des Schreibens zu ermächtigen, Delegierte im Lager Mauthausen unterzubringen und dafür zu sorgen, daß diese Delegierten sich frei bewegen und ungehindert Kontakt mit ausländischen Häftlingen aufnehmen könnten. Für den Fall, daß dem nicht entsprochen werde, mache das IKRK Ziereis persönlich für die Folgen verantwortlich und werde nicht zögern, die Weltöffentlichkeit zu informieren.

Schade, daß der gleiche Präsident drei Jahre zuvor oder in den Jahren vor dem Krieg nicht gewagt hatte, sich an die Weltöffentlichkeit zu wenden. Immerhin waren diese Abmachungen mit Kaltenbrunner nun die Grundlage für das Wirken von Louis Haefliger im KZ Mauthausen. Sie waren ein Erfolg Burckhardts – allerdings ein reichlich spät erzielter Erfolg, der überdies weniger auf Burckhardts Verhandlungskunst zurückzuführen war als auf die Tatsache, daß das Nazireich dem Zusammenbruch entgegenging. Burckhardt hat das indirekt zugegeben, schloß er doch das erwähnte Schreiben an Ziereis mit dem Versprechen, das Internationale Komitee vom Roten Kreuz werde, falls der Standartenführer den Abmachungen gemäß handle, »Zeugnis ablegen für dessen guten Willen«. Dazu kam es nicht mehr, weil Ziereis noch in Mauthausen, wo er unzählige Menschen in den Tod getrieben hatte, aus dem Leben schied.

Eintritt in die Welt des Grauens

Louis Haefliger war natürlich über diese diplomatischen Aktionen nicht unterrichtet, wußte auch von den Greueltaten in den Konzentrationslagern nicht so viel wie die offiziellen Regierungsstellen. Aber er wußte mehr als der Durchschnittsbürger. Er wollte sich nicht durch Unterlassung mitschuldig machen, sondern alles daran setzen, Menschenleben zu retten.

Von dieser Idee getrieben, brach er mit dem Konvoi am Samstag, 28. April 1945 zur letzten Etappe auf. Von St. Georgen, das leicht erhöht über dem linken Donauufer liegt, fuhren die 19 Camions, denen sich inzwischen auch Leutnant Hoppeler wieder angeschlossen hatte, zur Donauebene hinunter und von dort nordwärts zum Hügel, der vom Lager dominiert wurde. Das Ziel der Reise war erreicht. Was aber würde die Helfer dort erwarten?

Der erste Kontakt war nicht unangenehm. Standartenführer Franz Ziereis, der Lagerkommandant, zeigte sich am Anfang recht umgänglich. Er war ein energischer, jedoch eher unruhig wirkender Mann, dessen Mundwinkel beim Sprechen leicht zitterten. Als Haefliger aber darauf bestand, die Lebensmittelpakete für die Häftlinge durch die eigenen Leute verteilen zu lassen, wich die Unsicherheit der Härte. Bisher, so erklärte Ziereis, habe nie jemand dagegen Einspruch erhoben, daß er selbst diese Verteilung vornehme. Leutnant Hoppeler meldete darauf, die Pakete seien inzwischen bereits beim Lagereingang abgeladen worden. Haefliger ließ sich dadurch nicht beeindrucken. Er berief sich auf die Abmachungen des IKRK-Präsidenten mit dem obersten Lagerchef Kaltenbrunner und befahl: »Dann fahren wir eben nach St. Georgen zurück, um dort die Bewilligung zur eigenhändigen Verteilung abzuwarten.« Weiter forderte er den Lagerkommandanten auf, bei Kaltenbrunner in Berlin rückzufragen, was Ziereis denn auch per Funk tat: »Das IKRK, dessen Vertreter sich hier befindet, wünscht einen Delegierten in das Lager Mauthausen zu entsenden, um die Paketverteilung vorzunehmen. Anwesenheit des Delegierten wohl vom IKRK gewünscht, aber nicht notwendig. Bitte um Antwort, ob Delegierter Haefliger in das Lager einzulassen ist oder nicht. Ziereis.« Für den Augenblick aber untersagte Ziereis dem Delegierten den Eintritt ins Lager aufs entschiedenste. Man ließ also die Pakete in Mauthausen und nahm gemäß Genfer Auftrag französische, belgische und holländische Häftlinge in die Lastwagen auf – achthundert bis tausend Menschen, Männer und Frauen. Diese Aktion basierte auf den Verhandlungen zwischen Heinrich Himmler und Graf Folke Bernadotte einerseits und Carl Jacob Burckhardt und Ernst Kaltenbrunner anderseits. So beladen fuhr der Konvoi nach St. Georgen zurück, wo Haefliger seine persönlichen Effekten an sich nahm und sich von den Kollegen verabschiedete. Er wollte unter keinen Umständen aufgeben.

Die Notwendigkeit, auf die Beantwortung des Telegramms warten zu müssen, gab ihm den Vorwand, in der Nähe zu bleiben. In einer Rotkreuzstation fand er Unterkunft. Tags darauf – es war Sonntag, der 29. April – machte Haefliger eine ausgedehnte Wanderung mit dem Sohn des Gastwirtes, der ihn vertrauensvoll informierte: »Man kann in St. Georgen nicht sprechen, die Wände haben Ohren. Aber hier, in der freien Natur, will ich Ihnen sagen, was ich weiß.« Und diese Informationen stachelten Haefliger erst recht dazu an, dem Ort des Geschehens so nahe wie möglich zu bleiben.

Gleichentags noch ersuchte Haefliger erneut um Einlaß ins Lager, wiederum erfolglos. Er ließ aber nicht locker und insistierte auch am Montag, 30. April, mehrmals energisch. Ziereis war offensichtlich von der Hartnäckigkeit des IKRK-Delegierten beeindruckt. Haefliger wiederholte immer wieder den Hinweis auf die Abmachungen zwischen seinem eigenen Chef, dem IKRK-Präsidenten Carl J. Burckhardt, und dem Vorgesetzten von Ziereis, SS-Obergruppenführer Ernst Kaltenbrunner, und er forderte sein Recht mit immer lauterer Stimme. Wohl oder übel mußte Ziereis an jenem Montag nachgeben. In Haefligers offiziellem IKRK-Rapport (Übersetzung aus dem Französischen) heißt es wörtlich: »Ich erklärte ihm [Ziereis] mit Entschiedenheit, daß ich nicht mehr auf eine Antwort Kaltenbrunners zähle und jetzt die Bewilligung zum Eintritt verlange. Ziereis bezeichnete dann als meinen Wohnsitz das Zimmer von Obersturmführer Reimer, das ich mit diesem zu teilen hatte: Der Delegierte des IKRK würde Seite an Seite mit einem SS schlafen, dessen Mütze mit dem Totenkopf geschmückt war! Um der Häftlinge willen, die ich um mich herum terrorisiert sah, akzeptierte ich diese Tortur!«
Haefliger hatte keineswegs übertrieben, wenn er behauptete, die Häftlinge in Mauthausen würden terrorisiert – Mauthausen war eines der verrufensten Konzentrationslager im Dritten Reich. Das geht bereits aus einer Verlautbarung Reinhard Heydrichs hervor. Der berüchtigte Sicherheitspolizei- und SD-Chef, ein führender Organisator der »Endlösung«, der im Frühsommer 1942 einem Attentat exiltschechischer Agenten in Prag erlag, hatte Anfang 1941 die folgende Systematik für die Konzentrationslager des Reichs bekanntgegeben:

»Stufe I.:
Für alle wenig belasteten und unbedingt besserungsfähigen Schutzhäftlinge, außerdem für Sonderfälle und Einzelhaft. Die Lager Dachau, Sachsenhausen und Auschwitz (letzteres kommt auch für Stufe II in Betracht).

Stufe II.:
Für alle alten und bedingt arbeitsfähigen Schutzhäftlinge, die noch im Heilkräutergarten beschäftigt werden können. Das Lager Dachau.
Stufe III.:
Für schwerer Belastete, jedoch noch erziehungs- und besserungsfähige Schutzhäftlinge. Die Lager Buchenwald, Flossenbürg, Neuengamme, Auschwitz II.
Stufe IV.:
Für schwerer Belastete, insbesondere auch gleichzeitig kriminell Vorbestrafte und Asoziale, d.h. kaum noch erziehbare Schutzhäftlinge. Das Lager Mauthausen.«

Unnötig zu sagen, daß Heydrich und sein Vorgesetzter Himmler darüber entschieden, wer erziehungs- und besserungsfähig, kriminell oder asozial war!
»In den folgenden Tagen«, so fährt der IKRK-Rapport Haefligers fort, »habe ich mich mit Ziereis über die Situation im Lager unterhalten: Mangel an Brot, Kleidern, Schuhen, ungeheure Not an Wäsche. Das Lager Mauthausen war übervölkert; jene von Gusen I und Gusen II zum Platzen voll. Die Kranken lagen zu fünft in engen Betten; 60000 Menschen, Männer, Frauen, Kinder.«
In diese Hölle war Haefliger nun freiwillig eingezogen. Ein- bis zweimal täglich hatte er mit dem Schlächter Ziereis zu tun, denn er mußte über Verpflegungsprobleme, über Kleiderverteilung und Hygiene verhandeln. Er kam aber auch mit dem Gauleiter von Oberdonau Adolf Eigruber zusammen. Am 1. Mai wollte er von ihm Unterstützung erhalten zur Bergung eines in der Donau versenkten Schiffes mit einer Getreideladung. Eigruber, der noch in jenen Tagen das Salzbergwerk von Altaussee mit den darin gelagerten unermeßlich wertvollen Kunstschätzen in die Luft sprengen wollte, half Haefliger nicht. Von ihm aber sagte er, wenn er gewußt hätte, was hinter diesem Schweizer stecke, so hätte er ihn gleich umgelegt. Ein Jahr später stand Haefliger ihm ein letztes Mal gegenüber: in Dachau beim

amerikanischen Mauthausener Kriegsverbrecherprozeß.
Weit mehr aber erinnert sich Haefliger natürlich an den Unmenschen Franz Ziereis: »Jeden Morgen hat er eigenhändig dreißig bis sechzig Häftlinge erschossen. Das hat er mir stets mit besonderem Stolz erzählt. Fast mit Bedauern sagte er einmal: ›Heute waren es nur dreißig!‹ Und dann fragte er mich: ›Herr Haefliger, haben Sie keine Angst hier in Mauthausen?‹ Ich antwortete: ›Wenn ich Angst hätte, wäre ich gar nicht da, Herr Lagerkommandant.‹ Er insistierte: ›Aber Ihr Essen könnte doch vergiftet sein!‹ Da wußte ich nichts anderes zu sagen als: ›Dann hätte ich eben Pech gehabt.‹«
Die Frage von Ziereis war mehr als berechtigt, denn noch in den letzten Kriegswochen wies Mauthausen eine grauenvolle Todesbilanz auf: Allein im Monat April wurden 10868 männliche und weibliche registrierte Häftlinge als gestorben gemeldet; die Zahl der nichterfaßten Häftlinge ist unbekannt.
Natürlich sind nicht alle aus der Nazigesellschaft Ausgestoßenen vergast worden. Das Leben im Konzentrationslager war an sich schon derart hart, daß die Chance, zu überleben, mit wachsender Haftdauer immer geringer wurde. Was Gustav Sorge, der »Eiserne Gustav«, 1947 vor dem Staatsanwalt über »sein« Konzentrationslager Sachsenhausen aussagte, hat Gültigkeit für alle anderen Lager, auch für Mauthausen:
»Staatsanwalt: Sind Ihre Aussagen richtig, daß Sie täglich Häftlinge verprügelt haben?
Sorge: Jawohl, die sind richtig.
Staatsanwalt: Wenn ein Mensch gehustet hat, haben Sie ihn verprügelt?
Sorge: Jawohl, wenn ein Mann hustete oder ein unfreundliches Gesicht zeigte, habe ich ihn verprügelt.
Staatsanwalt: Und wenn er munter war und ein freundliches Gesicht zeigte, haben Sie ihn dann auch geprügelt?
Sorge: Dann habe ich auch einen Grund gefunden, ihn zu verprügeln.

Staatsanwalt: Also, Sie haben Leute geprügelt, wenn sie unzufriedene Gesichter machten, wenn sie nicht munter waren und auch, wenn sie munter waren?
Sorge: Jawohl, um Gründe zum Prügeln war ich nie verlegen.«
Der spätere österreichische Bundeskanzler Leopold Figl, der in verschiedenen Nazigefängnissen und Konzentrationslagern, darunter auch in Mauthausen, schmachtete, hat in einem persönlichen Gespräch erklärt: »Es waren nicht immer Prügel und eigentliche Torturen, die einem das Leben zur Hölle machten, sondern ganz einfach die täglichen Schikanen von seiten der Schergen. So mußten wir zum Beispiel regelmäßig die Baracke gründlich sauber machen, ohne daß man uns Besen oder Schrubber, ja nicht einmal Putzlappen gegeben hätte. Mit den Fingernägeln mußten wir die Ritzen des Fußbodens säubern, damit auch ja kein Haar oder Faden darin hängenbleiben konnte, sonst gab es grauenhafte Prügel.«
Nicht nur Schikane, sondern Folterinstrument und Mordwerkzeug war die Todesstiege, die über 186 Stufen zum Steinbruch hinunterführte. Figl hat sie selbst erlebt und erlitten: »Schon das bloße Hinuntergehen war eine Qual, denn die Stufen waren in jeder Beziehung unregelmäßig: bald hoch, bald niedrig, bald breit und bald schmal, bald schief oder löchrig und willkürlich von Steinen besetzt. Viel entsetzlicher aber war das Hinaufgehen. Nach einem harten Tag im Steinbruch, wo wir Arbeiten verrichten mußten, an die die meisten von uns nicht gewohnt waren, hätten die Beine oft schon ohne das, was noch verlangt wurde, ihren Dienst versagt. Gemäß persönlicher Anordnung Himmlers aber mußten wir schwere Steine, fast immer über fünfzig Kilogramm schwer, hinaufschleppen. SS-Leute und Capos sorgten mit Peitschenhieben dafür, daß man nicht stehenblieb. Wenn aber doch ein Vordermann zusammenbrach, rissen die rollenden Steine Dutzende von nachkommenden Häftlingen mit sich zur Verstümmelung oder in den Tod.«

Das alles sah und erlebte Louis Haefliger in den wenigen Tagen vor der Befreiung des Lagers, in denen er freiwillig mit den Häftlingen zusammen war. Dabei erfuhr er, was sich in den vergangenen Wochen zugetragen hatte. Etwa fünfhundert sowjetische Häftlinge, hauptsächlich Kriegsgefangene, hatten in der Nacht zum 2. Februar 1945 bei acht Grad Kälte einen Ausbruchsversuch unternommen. Anderntags berichtete die Kriminalpolizei Linz an das Reichssicherheitshauptamt: »Von den 419 Geflüchteten [jene, denen es gelang, das Lagerareal zu verlassen] am 2.2.1945 im Raume Mauthausen, Gallneukirchen, Wartberg, Pregarten, Schwertberg, Perg, insgesamt über 300 wieder ergriffen, davon 57 lebend.«

Der letzte mit der Bedienung des Krematoriums beauftragte Häftling Wilhelm Ornstein aus Polen hat gegenüber Haefliger die Konsequenzen dieser Aktion geschildert und diese auch schriftlich in holprigem Deutsch festgehalten: »Am 2.II.1945 um 23.30 sind ca 500 Häftlinge vom Block 20 davongelaufen. Die ganze SS Bewachungsmannschaft wurde mobiliziert und am ersten Tag haben diese Mörder 82 erschossene gebracht. Am zweiten Tag haben wiederum diese SS Mörder 110 erschossene von verschiedenen Richtungen gebracht. In 10 Tagen wurden zusammen 476 Leichen eingeliefert, und bei jeder Einlieferung haben wir müssen den SS Verbrächern vom Zellenbau die Gesichter der Leichen zeigen, weil sie den Führer der unglücklichen Flucht gesucht haben. Wie wir später erfahren haben, hat man den Führer nicht erwischt. Der Linzer Rundfunk hat folgendes über dieses davonlaufen gemeldet: Ca. 500 Raubmörder und Berufsverbrächer sind vom Lager Mauthausen getürmt ...«

Die deutschen Konzentrationslager waren die Verwirklichung dessen, was der Reichsführer-SS Heinrich Himmler am 4. Oktober 1943 im polnischen Posen vor SS-Gruppenführern mit den Worten dargelegt hatte: »Ein Grundsatz muß für den SS-Mann absolut gelten: Ehrlich, anständig, treu und kameradschaftlich haben wir zu Angehörigen unseres eigenen Blutes zu sein und zu sonst niemandem. Wie es den Russen geht, wie es den Tschechen geht, ist mir total gleichgültig. Das, was in den Völkern an gutem Blut unserer Art vorhanden ist, werden wir uns holen, indem wir ihnen, wenn notwendig, die Kinder rauben und sie bei uns großziehen. Ob die anderen Völker in Wohlstand leben oder ob sie verrecken vor Hunger, das interessiert mich nur soweit, als wir sie als Sklaven für unsere Kinder brauchen, anders interessiert mich das nicht.«

In dieser Stätte des Grauens also hat Louis Haefliger freiwillig gelebt, um den Verfolgten zu helfen, diese womöglich gar zu retten. Die Lager waren eine in sich geschlossene Welt, die keinen Kontakt mit der Umwelt hatte – eine unmenschliche, verbrecherische Welt, in der allerdings unter den »Armseligen und Beladenen« die Freundschaft vieles zu überwinden vermochte, die Menschlichkeit wunderschöne Blüten trieb und so die Hoffnung auf die Zukunft stärkte. Es war die Hoffnung darauf, einmal diese Welt hinter Stacheldraht lebend verlassen und eine neue Welt echter Menschlichkeit aufbauen zu können.

Der Tag X naht

Die große Welt rund um Mauthausen war im Umbruch. Das Ende des Krieges in Europa zeichnete sich ab. Am 28. April 1945 hieß es im deutschen Wehrmachtsbericht: »An der Donau drang der Feind in Regensburg und Ingolstadt ein. Zwischen Dillingen und Ulm setzten die Amerikaner ihren Vorstoß nach Süden fort. Kämpfe sind im Mindel- und Günztal im Gange.« Das war der Tag, an dem der Führer und Reichskanzler Adolf Hitler sein »politisches Testament« verfaßte, worin er verkündete: »Ich habe mich entschlossen, in Berlin zu bleiben und dort aus freien Stücken in dem Augenblick den Tod zu wählen, in dem ich glaube, daß der Sitz des Führers und Kanzlers selbst nicht mehr gehalten werden kann.« Hitler ernannte den damals 54jährigen Großadmiral Karl Dönitz, der seit 1943 die deutsche Kriegsmarine befehligte, zu seinem Nachfolger als Reichspräsident. Propagandaminister Joseph Goebbels sah er als neuen Reichskanzler vor. Hitler vergaß auch nicht, seinen Haß gegen zwei ehemals enge Vertraute, denen er Verrat vorwarf, schriftlich niederzulegen: »Ich stoße vor meinem Tode den früheren Reichsmarschall Hermann Göring aus der Partei aus und entziehe ihm alle Rechte ... Ich ernenne an Stelle dessen den Großadmiral Dönitz zum Reichspräsidenten und Obersten Befehlshaber der Wehrmacht. Ich stoße vor meinem Tode den früheren Reichsführer-SS und

»Eintritt in die Welt des Grauens« ist dieses Kapitel überschrieben. Simon Wiesenthal sah diese Worte in Hitler personifiziert.

Mauthausen

Reichsminister des Innern, Heinrich Himmler, aus der Partei sowie allen Staatsämtern aus. Ich ernenne an seiner Stelle den Gauleiter Karl Hanke zum Reichsführer-SS und Chef der deutschen Polizei und den Gauleiter Paul Giesler zum Reichsminister des Innern.«
Die Wehrmachtsberichte stellten natürlich den »heldenhaften Kampf« um Berlin in den Vordergrund, aber weiter südlich wurde der Korridor zwischen den Amerikanern und der Roten Armee immer enger. Der deutsche Generaloberst Lothar Rendulic, der den Westen Österreichs verteidigte, erhielt in ebenjenen Tagen vom Oberkommando des Heeres den Befehl: »Das Halten der Ostfront ist entscheidend für das Schicksal des Reiches. Den Amerikanern ist jedoch ehrenhalber nur hinhaltender Widerstand zu leisten. Vor Russen und Amerikanern sind jedoch alle Brücken und Verkehrswege zu zerstören.« Das Vordringen der Amerikaner war nicht mehr aufzuhalten, ja kaum mehr zu verzögern. Die US-Truppen strebten eine möglichst rasche Vereinigung mit den Truppen der Sowjetarmee an. Gleichzeitig aber hatten sie ein Interesse, die immer noch in Betrieb stehenden Panzerwerkstätten von Linz einzunehmen. Im nahen Mauthausen war hin und wieder bereits Artilleriefeuer zu vernehmen; die Häftlinge schwankten zwischen der Hoffnung, dies bedeute die baldige Befreiung, und der Angst vor einer brutalen Kurzschlußhandlung ihrer Schergen.
Am 30. April 1945, einem Montag, zogen sich Adolf Hitler und die ihm am Vortag angetraute Eva Braun im Bunker der Reichskanzlei in Berlin zurück; um 15.30 Uhr vernahm man einen Schuß. Goebbels und Bormann fanden die Leichen der beiden: Hitler hatte sich mit einer 7,65-mm-Pistole erschossen, Eva Hitler-Braun hatte Gift genommen. Man dachte unwillkürlich an Hitlers Rede vom 15. Februar 1942 zurück, in der der Diktator erklärt hatte: »Ganz gleich, wann nun die Vorsehung mein Leben beschließt, noch in der letzten Sekunde werde ich es nie bereuen, diesen Kampf geführt zu haben ...« Der Wehrmachtsbericht vom 2. Mai ver-

kündete dann breitspurig und verlogen: »An der Spitze der heldenmütigen Verteidiger der Reichshauptstadt ist der Führer gefallen. Von dem Willen beseelt, sein Volk und Europa vor der Vernichtung durch den Bolschewismus zu erretten, hat er sein Leben geopfert.« Man hätte richtiger sagen müssen, er sei »durch Mörderhand gefallen« – es war ja schließlich seine eigene Hand, durch die er umgekommen war!
Der Tod Hitlers wurde bald auch in Mauthausen bekannt. Dort aber war man sich bewußt, daß Himmler, Kaltenbrunner, Sauckel, Seyß-Inquart und Tausende ihrer Helfershelfer noch am Leben waren. Ehe das Regime nicht ausgerottet war, mußten die Häftlinge und alle Nazigegner um ihr Leben bangen.
Louis Haefliger sah die Gefahr ganz realistisch. Er dachte an die noch vor der Abreise erhaltene Information, wonach die Konzentrationslager »beim Herannahen des Feindes« in die Luft zu sprengen seien. Jetzt nahte der »Feind« von Ost und West beängstigend rasch. Wann würden die sich zur Herrenrasse zählenden Mörder den unmenschlichen Befehl ausführen? Nächste Woche? Morgen? Oder gar heute?
Im Konzentrationslager Mauthausen herrschten Spannung und Unsicherheit. Die Wachmannschaften hörten gebannt die Meldungen des Rundfunks ab, und die Häftlinge drängten sich um diejenigen, die dank ihrer Arbeit in der Flugzeugfabrik Informationen besaßen. Mörder und Gemarterte hofften, mit dem Leben davonzukommen. Louis Haefliger und sein Zimmergenosse Obersturmführer Reimer saßen schweigend im gemeinsamen Zimmer. Langsam brach die Nacht herein. Haefliger dachte an morgen und übermorgen, denn er war sich bewußt, daß diese Tage für die Häftlinge, denen er sich verbunden fühlte, die entscheidenden sein würden. Reimer dachte an die nächsten Wochen und Monate. Er hoffte, die kritische Zeit irgendwie zu überstehen und sich dann eine neue Zukunft aufzubauen.
Haefligers Blick ging durch das nüchterne Zimmer. Den SS-Rock, der am Kleiderhaken hing, wollte er bewußt

übersehen; er starrte durch das Fenster ins Leere. Im Lagerhof war kaum mehr jemand zu erkennen, nur ab und zu hörte man die schweren Schritte der Wachmannschaften. Würden sie den Blutbefehl ausführen? Das war der einzige Gedanke, der in seinem Kopf kreiste. Reimer, der Haefliger gegenüber auf dem Bettrand saß, starrte zu Boden. Er dachte an die Zeit zurück, da er wie Haefliger als Bankbeamter gearbeitet hatte. Er dachte zurück an den Kriegsdienst in Frankreich, der ihn als Militärpilot im Rang eines Oberleutnants nach Dünkirchen gebracht hatte. Als der Treibstoff rar geworden war, hatte man Reimer mit dem gleichen Grad, nämlich als Obersturmführer, nach Mauthausen abkommandiert. Natürlich war er um der Karriere willen bei der SS, aber jetzt wurde ihm bewußt, daß dies seine Zukunft trüben könnte. Ob es ihm jemals wieder vergönnt sein würde, friedlich hinter einem Bankschalter zu arbeiten und die Kunden zu beraten?

Beide, Haefliger und Reimer, waren – wenn auch aus völlig verschiedenen Beweggründen – von Hoffnung und Angst erfüllt. Sie hatten sich in den letzten Tagen so weit kennengelernt, daß jeder die Gedanken des andern zu erraten vermochte. Als dann in der Ferne wiederum Schritte hallten, raffte sich Reimer auf. Vielleicht konnte ihm dieser Schweizer Rotkreuzdelegierte als Zeuge bald einmal dienlich sein. Er zog Haefliger ins Vertrauen, berichtete ihm von den bereits getroffenen Vorkehrungen zur Sprengung des Lagers. Haefliger hatte dem SS-Mann gegenüber bisher seine eigenen Informationen verheimlicht. Aber nun lag der grauenerregende Plan offen ausgebreitet. Die Zeit zum Handeln war gekommen.

Haefliger verlangte für den kommenden Tag, den 3. Mai, eine Aussprache im Büro des Lagerkommandanten Ziereis im Beisein von Reimer und dem Kommandanten der Flugzeugfabrik Gusen. Was dann geschah, hat Haefliger im IKRK-Rapport niedergeschrieben (aus dem Französischen): »Im Laufe dieses

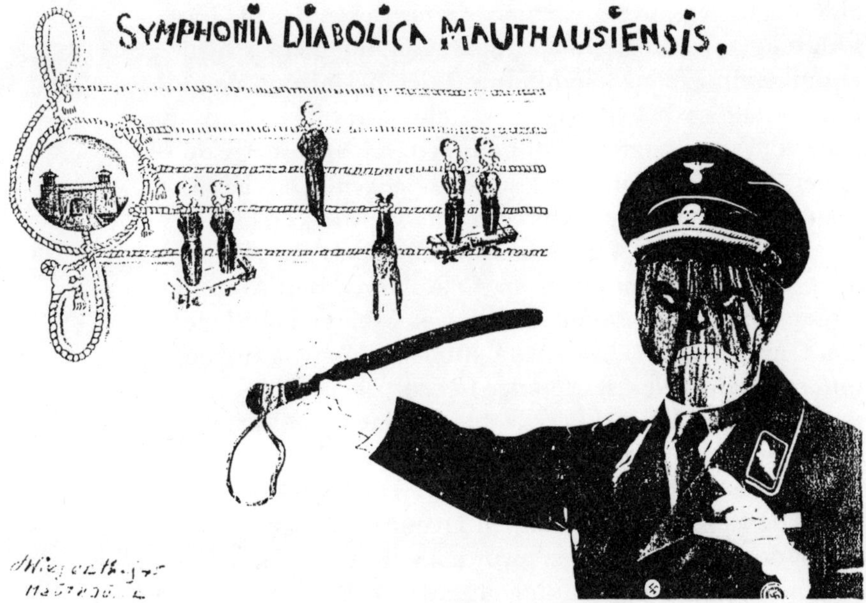

Die teuflische Symphonie von Mauthausen, wie sie Simon Wiesenthal erlebt hat.

Gespräches verlangte ich von Ziereis, den Befehl, die Flugzeugfabrik in die Luft zu sprengen, unverzüglich zu annullieren. Ziereis lehnte ab mit der Erklärung, nicht er habe diesen Befehl erteilt; es stehe ihm nicht zu, Befehle von Vorgesetzten zu annullieren. Ich appellierte an seinen Grad und an seine Menschlichkeit. Der Kommandant der Flugzeugfabrik erläuterte die vorgesehenen Maßnahmen: Für den Fall, daß die Amerikaner oder die Russen sich näherten, sollten durch ein Alarmsignal in der Nacht vom 5. auf den 6. Mai die Häftlinge von Gusen I und II, also etwa 40000 Menschen, in den unterirdischen Werkstätten der Fabrik, die in 18 Stollen von insgesamt 8,5 km Länge eine Fläche von 50000 m^2 einnehmen, zusammen mit den Bewohnern von Gusen und St. Georgen versammelt werden. Die Explosion der vierundzwanzigeinhalb Tonnen Dynamit, die zum voraus in den Gängen gelagert worden seien, hätte also die Fabrik mitsamt den Häftlingen und den Bewohnern in die Luft gesprengt. Ich erreichte zwar, daß Ziereis den Befehl zur Sprengung der Fabrik mindestens mündlich zurückzog und sich verpflichtete, diese Annullierung den Fabrikskommandanten weiterzuleiten.«

Heute, 43 Jahre später, erinnert sich Haefliger noch genau an jene Aussprache: »Die Kardinalfrage von Ziereis war natürlich: Woher haben Sie diese Information? Ich antwortete, ich hätte sie in Genf bekommen; dort wisse man, wie die Befehle für die Lagerkommandanten lauteten. Daß ich zusätzliche Angaben von Reimer erhalten hatte, sagte ich natürlich nicht. Man wollte also Fliegeralarm geben, und dann sollten die Häftlinge von Gusen I und Gusen II mit Eisenbahnwagen in die Stollen gebracht werden. Die Zivilbevölkerung der Umgebung wäre sowieso in die Stollen gerannt, weil sie sich dort gegen Fliegerangriffe am besten geschützt fühlte. Bei der Aussprache im Büro von Ziereis, das voll von SS-Leuten war, verlangte ich vom Kommandanten der Flugzeugfabrik, mir den Sprengungsbefehl zu zeigen. Das war jener Befehl, von dem Reimer gewußt hatte – vielleicht, weil er ihn als früherer SS-Abwehrbeauftragter in die Hände bekommen hatte. Er zeigte ihn mir, und ich sah, daß er von Oswald Pohl, dem Chef des SS-Wirtschafts- und Verwaltungshauptamtes, unterzeichnet war. Ich habe dann Ziereis gesagt, es sei doch ein Wahnsinn, diese Menschen in die Luft zu sprengen. Zu meiner Überraschung hat er mich sogar angehört, was mich aber um so aggressiver machte. Auf meine Aufforderung, den Befehl zu annullieren, sagte er, dazu sei er nicht ermächtigt. Auf meine Bemerkung, daß er doch im Prinzip mit mir einer Meinung sei, antwortete er: ›Eigentlich, ja!‹ Daraufhin habe ich eigenhändig unter den Befehl geschrieben: ›Annulliert gemäß Lagerkommandant Standartenführer Ziereis, 3. Mai, Louis Haefliger, Delegierter des Internationalen Roten Kreuzes.‹ Ich gab den Sprengungsbefehl dann dem Kommandanten der Flugzeugfabrik zurück, der damit wegging. Geglaubt habe ich ihm aber nicht, ich hatte jeglichen Glauben und jegliches Vertrauen verloren. Formell hatte ich meine Pflicht getan, aber ich war überzeugt, daß man darauf keine Rücksicht nehmen werde.«

Die Begegnung im Büro des Lagerkommandanten gab den Anstoß zu dem, was Louis Haefliger zwei Tage später in wahnwitzigem Heldenmut unternahm. Es war das Bewußtsein, daß die schönen Worte und Versprechungen der Nazimörder völlig wertlos seien, das ihm klarmachte: Jetzt mußte gehandelt werden. Die winzige Restzone an der Donau war ja unterdessen schon fast die letzte von den Nazis gehaltene Region. Die deutschen Truppen in Italien, Vorarlberg und Tirol hatten bereits am 2. Mai bedingungslos kapituliert; am gleichen Tag war Berlin gefallen. An diesem 3. Mai hatte Hamburg aufgeben müssen, und schon am Tag darnach sollten sich die deutschen Armeen in Nordwestdeutschland, Holland und Dänemark geschlagen geben, während die Jugoslawen Fiume und Pola eroberten. Natürlich bot auch der immer enger werdende Donauraum keinerlei Chance mehr für einen Sieg, aber für einen letzten Akt nationalsozialistischen Wahnsinns hätte er immer noch den traurigen Schauplatz abgeben können.

Rotes Kreuz der Menschlichkeit und weißer Stern der Panzer

»Am 3. Mai Morgens während verbrennung der Dokumenten des Kommandanten Ziereis habe vom Hptsch. Roth den Auftrag bekommen Holz und Koks in den Ofen reinzulegen. Das war für mich der beste Zeichen und die höchste Zeit zum verschwinden.« Diese Sätze finden sich im bereits erwähnten Bericht von Wilhelm Ornstein, dem letzten Kremator von Mauthausen, an Louis Haefliger. Die Mörder begannen das Fürchten zu lernen!

Für Haefliger war das ein weiteres Signal: Es galt, endlich etwas zu unternehmen! Als erstes ersuchte Haefliger an jenem Donnerstag den Kommandanten um die Erlaubnis, sich in der Schneiderei eine Rotkreuz- und eine Schweizerfahne machen zu lassen. Ziereis willigte ein und begleitete den Delegierten sogar in die Schneiderei. Nun wurde mit den Näherinnen des langen und breiten darüber diskutiert, wie denn eine solche Fahne auszusehen habe, damit sie den offiziellen Vorschriften entspreche. Ziereis fand dies allmählich langweilig und zog sich zurück. Nun konnte Haefliger freier sprechen: Die Fahnen sollten nur auf drei Seiten zugenäht werden; so konnte man weiße Kapitulationsfahnen darin verstekken. Der Plan klappte!

Am Freitag, 4. Mai erlitt der harte und brutale Ziereis, der noch wenige Monate zuvor seine Bluthunde auf 130

In 18 solcher Stollen war die Flugzeugfabrik des Nebenlagers Gusen untergebracht, in der KZ-Häftlinge arbeiteten. Nach Absicht der NS-Führung hätten die etwa 60000 Insassen »beim Herannahen des Feindes« in diese Stollen getrieben und in die Luft gesprengt werden sollen. Rechts im Bild Louis Haefliger.

Fertigprodukte der KZ-Fabrik: Messerschmitt-Maschinen, die nach der Befreiung des Lagers nutzlos auf dem Areal herumstanden.

Einer der amerikanischen Sherman-Panzer, die von Louis Haefliger zur Befreiung des KZ Mauthausen herbeigeholt worden sind.

Häftlinge gehetzt hatte, um sie zerfleischen zu lassen, einen Nervenzusammenbruch. An jene Begegnung im Büro des Lagerkommandanten erinnert sich Haefliger, als ob sie gestern stattgefunden hätte: »Ziereis saß an seinem schweren Schreibtisch, links und rechts je einer dieser gefährlichen Hunde. Finster und verstört schaute er mich an und sagte: ›Mein ganzes Leben habe ich verpfuscht. Was soll ich tun? Könnten Sie mir nicht helfen?‹ Es war das einzige Mal, daß ich ihm ohne Beisein von SS-Leuten gegenübersaß. Ich antwortete: ›Als Mensch tun Sie mir leid, aber nicht als Soldat, denn als Soldat haben Sie falsch gehandelt.‹ Seine Augen starrten in den Raum, und er stammelte: ›Dann gehe ich an die russische Front.‹ Man spürte, daß er völlig verwirrt war. Nervös spielte er mit seiner Pistole. Es sei seine Lieblingspistole, sagte er, damit habe er am meisten geschossen. Die Atmosphäre war drückend, und ich war keineswegs sicher, ob ich hier noch lebend herauskäme. Plötzlich wandten sich beide Hunde zu mir und legten ihre Köpfe wie hilfesuchend auf meine Knie. Ziereis war wütend, erstaunt und erschrocken zugleich, beorderte die beiden Hunde ins Freie, dann hörte ich zwei Schüsse. Als er ins Büro zurückkam, fragte ich: ›Warum haben Sie das getan?‹ Und er: ›Weil sie unzuverlässig waren.‹ Ich konnte mich nicht zurückhalten und warf ein: ›Mir hat noch nie ein Hund etwas zuleide getan.‹ Er spürte offensichtlich den Hintergedanken, den ich einfließen lassen wollte: ein Hund hat mir noch nie ein Leid angetan, wohl aber gewisse Menschen. Doch er beruhigte sich und bot mir zu meiner eigenen Sicherheit seine Villa als Wohnsitz an.«

Ziereis führte dann Haefliger und den herbeigerufenen Reimer in die Villa, die er seinen »Gästen« großzügig zeigte: von der Küche bis zum Schlafzimmer, vom Salon bis zu den Kinderzimmern. In einem Raum fand sich eine große Waffensammlung, lauter Gewehre, eines wertvoller als das andere. Zum Abschluß zeigte Ziereis Louis Haefliger den Bunker. Er öffnete die schwere Panzertür und ging vor. Haefliger kam ein schrecklicher

Gedanke: »Soll ich jetzt hinter ihm die Panzertüre schließen?« Er hielt sich zurück, denn neben ihm stand der bewaffnete Reimer, und so ganz sicher war Haefliger nicht, ob er diesem in einer solchen Situation vertrauen könne.

Die weißen Fahnen hatte Haefliger bereits zuvor an zuverlässige Häftlinge ausgehändigt, unter denen sich ein tschechischer Kommunist besonders hervortat. In der Garage stand ein alter Opel der SS bereit, der vom ungarischen Häftling Peter Vörös weiß gestrichen und mit dem roten Kreuz gekennzeichnet worden war. Häftlinge, die sich in der Flugzeugfabrik Rundfunkgeräte beschaffen konnten, hörten die Sendungen der BBC aus London; einige besonders geschickte Insassen hatten sogar den französischen Code zu entziffern vermocht. Wenn gemeldet wurde: *»au milieu du salon se trouve un sofa«*, so war dies ein deutliches Alarmzeichen. Entsprechend informierten sie Haefliger über die militärische Lage: Die Rote Armee unter Marschall Malinowski, dem Oberbefehlshaber der 2. Ukrainischen Front, stand zwischen Amstetten und St. Pölten, also nur 30 bis 50 Kilometer von Mauthausen entfernt, und am Abend wurde Linz, nicht ganz 20 Kilometer entfernt, von den Amerikanern stark bombardiert. Nun hatte die Stunde der Entscheidung geschlagen.

Am Samstag, 5. Mai machte sich Haefliger kurz vor sechs Uhr morgens zusammen mit seinem Zimmergenossen Reimer zum Aufbruch bereit. Er schnitt das Totenkopfsignet von Reimers Mütze, der sein Einverständnis bezeugte, indem er eigenhändig die Runenzeichen von der Uniform lostrennte. Langer, der Kommandant der 600 Wiener Feuerwehrleute, die kurz vorher, als ein Teil der SS-Männer abgezogen worden war, in Militäruniformen ins Lager abkommandiert wurden, war ebenfalls eingeweiht. Mit ihm zusammen brachen Haefliger und Reimer nun auf. Während der Fahrt in Richtung Westen warf Haefliger das Futteral der Waffe Reimers aus dem Wagen, die Pistole aber versteckte er unter dem Sitz. Langer war nicht bewaffnet. Haefliger hatte vorher einigen ihm vertrauten Häftlingen gemeldet, er wolle entweder die Russen oder die Amerikaner holen. So, wie sich die militärische Lage jetzt präsentierte, blieb als einzige Lösung der Versuch, zur US-Army vorzudringen. Die Russen waren um einiges weiter entfernt, und die Zeit drängte so sehr, daß jeder Kilometer Weges zählte. Dies um so mehr, als Haefliger ja nicht wußte, wie ihn die Offiziere und Soldaten aufnehmen würden. So fuhr denn der Wagen mit den drei unterschiedlichen Passagieren in nordwestlicher Richtung.

In St. Georgen war Vizebürgermeister Aschenbrenner über die Aktion unterrichtet worden. Ihm war dieser unnütze und menschenvernichtende Krieg schon lange zuwider; er dachte vor allem an seine Gemeinde. Wenn die Amerikaner hierher vorstießen, bevor sich vom Lager aus ein Blutbad über die Gegend ausbreitete, war das für die Zivilbevölkerung nur von Vorteil. Haefliger dachte vor allem an die Häftlinge. Wenn er ungehindert an die Front gelangen wollte, brauchte er die Unterstützung Aschenbrenners. Denn das letzte Aufgebot der NS-Führung war in dieser Gegend noch stark genug, um mit Hilfe von Panzersperren den Zutritt zum Lager aufzuhalten. Aschenbrenner und Haefliger waren sich bald einig. Der mysteriöse Opel fuhr weiter, um an der Straße, die von Gallneukirchen über Freistadt zur südböhmischen Stadt Budweis führt, auf westlicher Seite die Frontlinie der Amerikaner zu erreichen.

Es war ein strahlender Frühlingstag, aber über der Donau lag ein dichter Nebelschleier. Donauabwärts, in der Wachau, blühten die Marillen- oder Aprikosenbäume wie im tiefsten Frieden. Zwar hatten die vorrükkenden Panzereinheiten tiefe und breite Spuren hinterlassen. Seit acht Uhr früh herrschte im Westen Waffenruhe, weil – wie es im deutschen Wehrmachtsbericht hieß – »der Krieg gegen die Westmächte seinen Sinn verloren hat und nur zum Verlust kostbaren deutschen Blutes vor allem durch den Bombenkrieg führt. Der Widerstand gegen die Sowjets aber wird fortgesetzt, um möglichst viele deutsche Menschen vor dem bolschewistischen Terror zu bewahren.« An der Donau wurde also weiter gekämpft.

Der kleine Opel Kadett mit dem roten Kreuz im weißen Feld und – was Haefliger erst später bemerkte – dem Immatrikulationszeichen der SS, das Vörös nicht überpinselt hatte, weil man ja eine Nummer brauchte, hatte Mühe, so schnell vorwärtszukommen, wie es der Lenker gewünscht hätte. In Haefligers Kopf gingen die Gedanken wild durcheinander: »Werde ich es schaffen? Wo werde ich endlich die Amerikaner treffen, und wie werden sie reagieren? Werden inzwischen im Lager nicht bereits Repressalien ergriffen? Es war«, so erinnert sich Louis Haefliger, »der unheimlichste Tag meines Lebens. Meinem tschechischen Häftlingsfreund hatte ich sogar gesagt: ›Wenn ich weder Russen noch Amerikaner ins Lager bringen kann, dann befreien wir das Lager mit euch. Wenn ich allein die Anhöhe hinauffahre, dann nehmt ihr die Hakenkreuzfahne herunter und hißt die weiße Fahne, und dann handeln wir.‹ Natürlich wußte ich, daß das ein gewagtes Spiel sein würde, und ich hoffte immer noch fest, meinen eigentlichen Plan verwirklichen zu können.«

Im Auto herrschte beklommenes Schweigen. Der Fahrer Langer schaute stur auf die Straße, doch seine Gedanken waren anderswo. SS-Mann Reimer ließ vor seinen geschlossenen Augen die Vergangenheit Revue passieren und hoffte auf eine bessere Zukunft.

Dann endlich war es da – Fata Morgana oder Wirklichkeit? Diesen Augenblick kann Haefliger nie mehr vergessen: »Plötzlich erblickte ich in der Ferne einen Panzer. Er kam mir gar nicht vor wie ein Kriegsfahrzeug, sondern eher wie ein rettender Engel. Eine Ewigkeit schien vergangen zu sein zwischen unserer Abfahrt vom Lager Mauthausen bis hier am Oberlauf der Gusen.«

Die drei Waghalsigen stellten ihren Wagen an den Straßenrand und stiegen aus. Gemeinsam und vorsichtig gingen sie auf den Panzer zu, hinter dem inzwischen noch weitere drei bis vier US-Panzer angerückt kamen. Es waren amerikanische Sherman-Panzer mit dem wei-

Den ins Lager einrückenden Amerikanern bot sich ein Bild des Grauens: das Massengrab in Mauthausen.

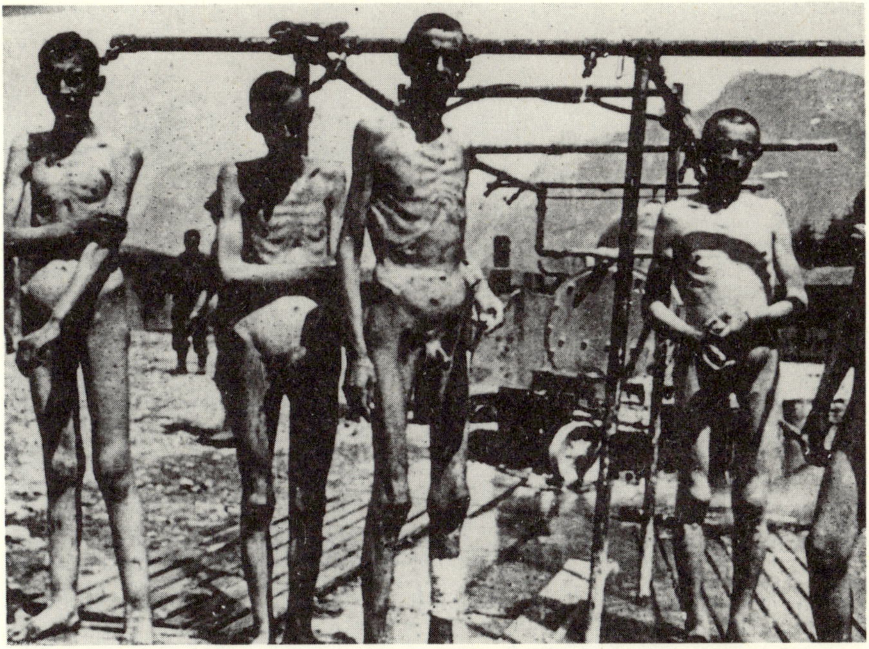

Im Nebenlager Ebensee die ausgemergelten befreiten Häftlinge, die wohl kaum mehr lange überlebt hätten.

Die Hunderte von Toten, die im Lager verstreut herumlagen, zu bestatten war eine der ersten Aufgaben, die die Amerikaner den überlebenden Häftlingen übertrugen.

Als Louis Haefliger mit etwa 35 Amerikanern das Lager befreite, fanden sie handfeste Unterstützung durch jene Häftlinge, die körperlich dazu in der Lage waren. Sie rüsteten sich spontan mit Waffen der SS aus.

Ungarische Häftlinge, kurz nach der Befreiung, im Gespräch mit Louis Haefliger (unten, rechts von der Mitte).

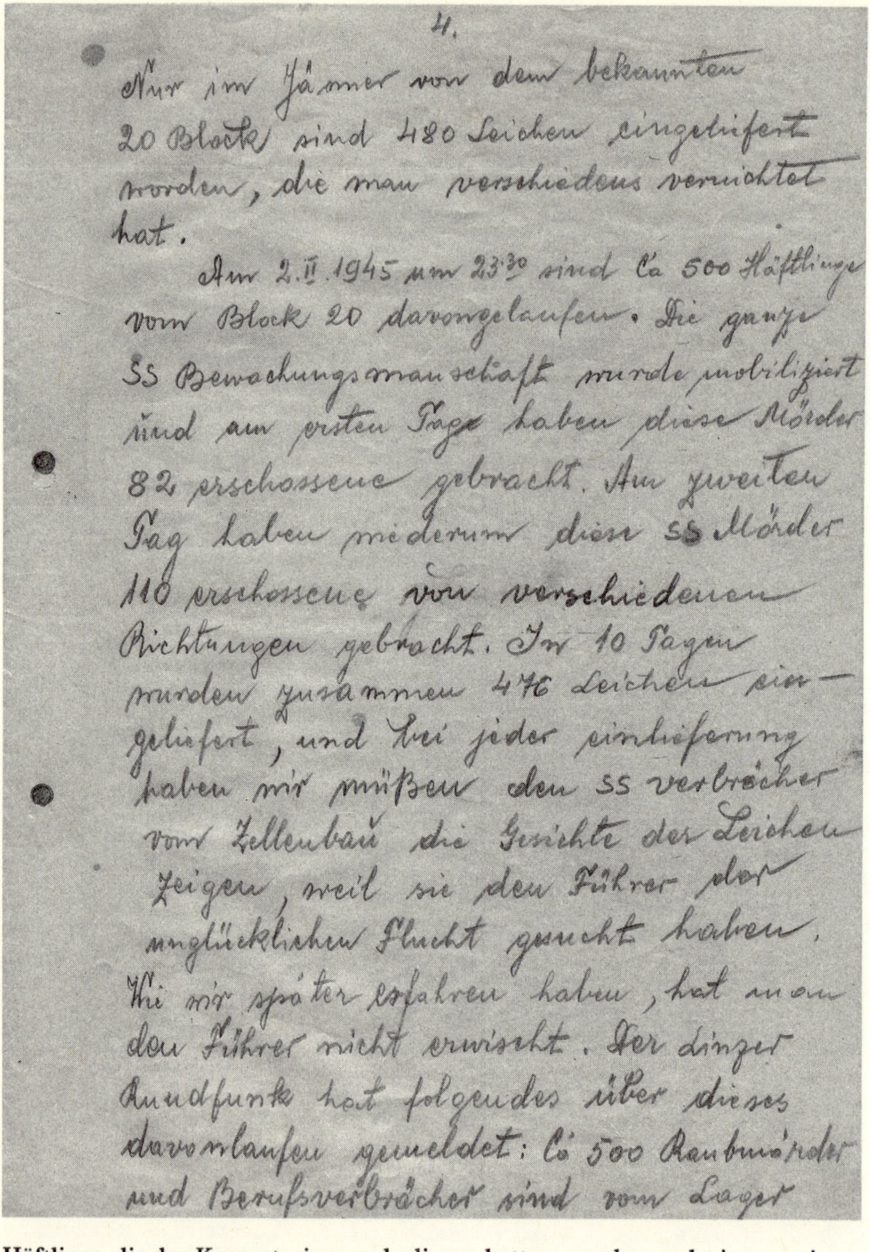

4.

Nur im Jänner von dem bekannten
20 Block sind 480 Leichen eingeliefert
worden, die man verschiedens vernichtet
hat.

Am 2.II.1945 um 23^{30} sind Ca 500 Häftlinge
vom Block 20 davongelaufen. Die ganze
SS Bewachungsmannschaft wurde mobilisiert
und am ersten Tage haben diese Mörder
82 erschossene gebracht. Am zweiten
Tag haben wiederum diese SS Mörder
110 erschossene von verschiedenen
Richtungen gebracht. In 10 Tagen
wurden zusammen 476 Leichen ein-
geliefert, und bei jeder einlieferung
haben wir müßen den SS verbrecher
vom Zellenbau die Gesichte der Leichen
zeigen, weil sie den Führer der
unglücklichen Flucht gesucht haben.
Wie wir später erfahren haben, hat man
den Führer nicht erwischt. Der Linzer
Rundfunk hat folgendes über dieses
davonlaufen gemeldet: Ca 500 Raubmörder
und Berufsverbrächer sind vom Lager

Häftlinge, die das Krematorium zu bedienen hatten, wurden nach einer gewissen Zeit liquidiert, weil sie zuviel wußten. Der letzte aber, der Pole Wilhelm Ornstein, überlebte und verfaßte für Haefliger einen handschriftlichen Bericht.

9

Als ausführer dieser Exekutionen waren
5-6 SS unteroffiziere ohne dieser Obermörder
die mit ihren Familien gesucht haben
möglichkeiten zu verschwinden. In den
letzten Tagen haben die SS Mörder, die zurück
von ihren grausamen Taten und mißhandlungen
gewußt haben hingerichtet um von den Zeugen
niemanden zurücklassen.

Am 3 Mai Morgens während verbrennung
der Dokumenten des Kommandanten Ziereis
habe vom Hptsch. Roth den Auftrag bekommen
Holz und Koks in den Ofen reinlegen.
Das war für mich der beste Zeichen
und die höchste Zeit zum verschwinden.
Mit Hilfe einiger Häftlinge die mich
versteckt und betreut haben, bin durch-
standen den großen Kampf und
glücklich nach 3 Tage aus dem versteck
rausgegangen, erwartet freundlich durch
Bekannte, die auch sehr unruhig
waren.

ßen Stern. Nach wenigen Schritten wies Haefliger seine beiden Begleiter an, zu warten. Er wollte das Risiko allein eingehen. Er brach von einem Gebüsch einen kleinen Ast ab und band sein weißes Taschentuch daran. Als er sich dem Panzer näherte, wurde der Sehschlitz ein wenig geöffnet. »Was wollen Sie?« fragte der Soldat. Haefliger ersuchte mit dem Hinweis, er komme vom Konzentrationslager Mauthausen, um eine Verbindung mit dem Kommandanten. Der Panzerfahrer stieg aus und stellte sich vor: »Al Kosiek, Kommandant der US-Panzerspitze.« Haefliger hatte einen Trumpf in der Hand: »Ich bin Delegierter des Internationalen Komitees vom Roten Kreuz, und ich weiß, daß heute nachmittag das Lager gesprengt werden soll. Im Lager sind auch zwei amerikanische Offiziere inhaftiert, ein gewisser Jack Taylor, der mit dem Fallschirm abgesprungen ist, und ein Neffe des New Yorker Bürgermeisters La Guardia.« Kommandant Al Kosiek versprach, das Hilfegesuch weiterzuleiten. Ein Amerikaner setzte sich ans Steuer des Rotkreuz-Opels, Haefliger daneben. SS-Mann Reimer und der Feuerwehrleutnant Langer wurden in einen Panzer beordert. So fuhr der Konvoi ostwärts: der Opel an der Spitze, und mit einem Abstand von etwa fünfhundert Metern die vier oder fünf Panzer. Haefliger ging von seinen Erfahrungen als Schweizer Soldat aus und glaubte, auch ein US-General könne in kürzester Frist tausend Mann abkommandieren. Er willigte ein, mit der kleinen Panzerformation Richtung Mauthausen zurückzufahren – dies in der Überzeugung, rasch Verstärkung nachgeschickt zu bekommen.
Haefliger hatte den Amerikanern versichert, die Zivilbevölkerung werde sich wohlwollend verhalten, und er sollte recht bekommen. Sowohl in St. Georgen wie später im Dorf Gusen gab es nur eine Schwierigkeit: sich einen Weg zu bahnen durch die jubelnde Menschenmenge, die die Amerikaner als Befreier begrüßte.
Das erste Lager, das die Panzerspitze erreichte, war das Nebenlager Gusen I. Zusammen mit Panzerkommandant Al Kosiek begab sich Haefliger zum Lagerkom-

mandanten und forderte ihn auf, sich zu ergeben, denn »eine große amerikanische Truppeneinheit ist im Anmarsch, und Widerstand ist zwecklos«. In der rückblikkenden Schilderung dieser Episode fügt Haefliger an: »Ich glaubte das selbst!« Der Lagerkommandant gehorchte, ließ die rund fünfhundert SS-Leute aufmarschieren; diese mußten ihre Waffen auf einen Haufen werfen. Als man Benzin darübergoß und die Gewehre und Pistolen anzündete, verkündete dieses Siegesfeuer vielen gepeinigten Häftlingen, die längst jede Hoffnung aufgegeben hatten, die Freiheit. Die paar hundert SS-Männer wurden auf die Straße getrieben und von einer Gruppe US-Soldaten bewacht. Die anderen Amerikaner führte Haefliger dann in die Flugzeugfabrik, um ihnen die Sprengvorrichtungen zu zeigen. »Dabei zog ich mein Schweizer Militärmesser aus der Tasche, um ein Kabel zu durchschneiden, doch hielt mich ein Amerikaner glücklicherweise zurück, denn das hätte einen Kurzschluß verursachen und die Explosion auslösen können«, erinnert sich Haefliger, heute noch erleichtert angesichts der verhinderten Katastrophe.

In diesem Augenblick kam außer Atem ein KZ-Häftling vom Hauptlager gerannt und flehte: »Schweizer, kommen Sie sofort herauf, die SS hat angefangen, Maschinengewehrnester zu bauen.« Nun galt es, keine Zeit mehr zu verlieren. Sofort raste man über die schmale Straße hinauf nach Mauthausen. Von der letzten Kurve aus konnte man vom Rotkreuzauto und von den US-Panzern aus den letzten Akt miterleben: die Hakenkreuzfahne wurde heruntergeholt und die weiße Fahne gehißt!

»Was dann geschah«, erzählt Haefliger, »kann man sich überhaupt nicht vorstellen. Aus allen Löchern kamen die Häftlinge herausgekrochen, halbnackt und ausgemergelt. Sie küßten meinen Wagen, sie stürmten auf die Amerikaner ein, und diejenigen, die körperlich noch kräftig genug waren, stiegen auf die Dächer, um von dort aus ihrer Freude Ausdruck zu geben. Es war ein Jubel sondergleichen, ein Rausch der Begeisterung und ein überschwengliches Frohlocken.« Die etwa 35 Amerikaner entwaffneten, unterstützt von den Häftlingen, die rund 1500 bis 1600 SS-Leute und trieben sie zusammen mit den Feuerwehrleuten auf die Straße. Das gleiche Schauspiel wiederholte sich anschließend im zweiten Nebenlager, in Gusen II.

Die friedliche Schlacht war geschlagen. Nun mußte der Rotkreuzdelegierte seinem Versprechen gemäß die amerikanische Panzerspitze wieder nach Gallneukirchen zurückbringen. Dazu Haefliger: »Am Vormittag hatte ich die Einwilligung von Al Kosiek, dem Kommandanten der Panzerspitze, unter der Bedingung erhalten, daß sämtliche Amerikaner bis Mitternacht wieder zurück seien. Man hat angefügt, ich hätte mit meinem Kopf für jeden einzelnen Amerikaner zu haften. Das beeindruckte mich jedoch nicht sonderlich, denn ich hatte ja ohnehin nur einen einzigen Kopf.«

Die SS-Leute und die Feuerwehr wurden nun in der Straßenmitte versammelt, und zu Fuß brach man nach Gallneukirchen auf. Die fünf US-Panzerfahrzeuge begleiteten den sonderbaren Zug, an dessen Spitze das Rotkreuzauto fuhr. Der ehemalige internationale Geher Haefliger aber ging zu Fuß und schlug ein Tempo an, bei dem auch die SS-Leute kaum mithielten. »Mit uns waren auch wieder der Feuerwehroffizier Langer und der ehemalige SS-Mann Reimer«, sagt Haefliger, »denn ich fühlte mich für die beiden irgendwie moralisch verpflichtet. Beide hatten mir ja bei dieser Aktion außerordentlich geholfen. Vor Mitternacht kamen wir in Gallneukirchen an. Erst in dem Augenblick, als ich endlich ein wenig Zeit zum Nachdenken hatte, ist mir bewußt geworden, was ich getan hatte.«

Im offiziellen Rotkreuzrapport kann man (übersetzt aus dem Französischen) wörtlich lesen: »Der Plan gelang ... Die im voraus bestimmten Häftlinge nahmen Waffen der SS an sich und besetzten ihre Posten. Die bewaffneten Häftlinge bewachten ihre entwaffneten Henker. Nach einer kurzen Periode der Unruhe – eine Folge der plötzlichen Befreiung der Häftlinge – kehrte

wieder Ruhe im Lager ein ... Die Gemeinden St. Georgen, Gusen und Mauthausen blieben von den Kriegsereignissen verschont, die Lager wurden nicht zerstört, 60000 Menschen wurden befreit, noch bevor die Amerikaner in Linz waren, wo die Kämpfe heftig wüteten.«
Der österreichische Schriftsteller Friedrich Freiherr von Gagern wußte, was geschehen war, und ahnte, was noch zu geschehen hatte. Er formulierte seine Gedanken mit den Worten: »Fröstelnd verdämmerte Haefliger die Nacht in seinem Wagen. Regen rauschte und trommelte eintönig, eine vulkanisch ausgebrannte Welt verlosch. Das Werk war vollbracht, aber noch blieb das Allerschwerste zu bewältigen: der lange trostlose Weg von der Höhe des Ideals durch die versumpften und verödeten Niederungen der Wirklichkeit in den Frieden; Frieden der aufgebrachten und verstörten Menschheit und – den eigenen.«

Robert M.W. Kempner

»Die Befreiung des Lagers durch Haefliger war eine Heldentat.«

Prof. h.c. Dr. Robert M.W. Kempner
Stellvertretender US-Hauptankläger in Nürnberg
Chef der Anklage im Wilhelmstraßenprozeß

Geboren 1899 in Freiburg i.Br., nach dem Studium Justitiar im preußischen Innenministerium, 1933 aus politischen Gründen durch Hermann Göring suspendiert. Nach kurzer Haft wanderte er nach den USA aus. Reichsinnenminister Wilhelm Frick entzog ihm zur gleichen Zeit wie dem Schriftsteller Erich Maria Remarque und dem Politiker Willy Brandt die deutsche Staatsbürgerschaft. Nach seiner Lehrtätigkeit (Internationales Strafrecht) und nach seiner Einbürgerung in den USA wurde Kempner als Anklagevertreter zu den Nürnberger Prozessen entsandt. In seiner Eigenschaft als Stellvertretender Hauptankläger hatte er im Internationalen Militärtribunal-Prozeß seinen früheren Chef Göring einzuvernehmen und gegen Frick die Anklage zu führen. Kempner hat bei diesen Prozessen mehrere hundert Mörder einvernommen. Kempner, der durch seine Publikationen und Vorträge weltweit bekannt geworden ist, hat seinen ständigen Wohnsitz in Pennsylvania (USA).

Zu den traurigsten Erscheinungen am Ende des Krieges gehört die Fluchthilfe für notorische Kriegsverbrecher. Sie geschah teilweise in organisierter Form und kam zahlreichen Massenmördern zu Hilfe. Leider waren an solchen Hilfsaktionen auch Angehörige des Roten Kreuzes durch Ausstellung von Reisepapieren in den Nahen Osten und nach Südamerika beteiligt. Natürlich sind die Namen der Begünstigten nur selten aus den Akten ersichtlich. Ihre Namen sind meist erst später im Ausland bekannt geworden. Zu ihnen gehörten der inzwischen verstorbene KZ-Arzt Dr. Josef Mengele und der später in Frankreich verurteilte Gestapochef Klaus Barbie. Fluchthelfer waren leider auch kirchliche Persönlichkeiten.

Eine der großen Sünden der internationalen Politik war es,

daß das internationale Recht nach dem Ende des Ersten Weltkrieges kaum weiterentwickelt wurde und auf einem vorsintflutlichen Stande verblieb. Sonst hätte es nicht passieren können, daß eine Kontrolle der Konzentrationslager durch das Internationale Rote Kreuz nicht vorgesehen war. Die Notwendigkeit, die vom Dritten Reich neu geschaffenen KZ-Lager durch das Rote Kreuz zu kontrollieren, hätte durch Ausbau der Rechtsgrundlagen geschaffen werden müssen. Gerade weil das nicht geschah, war die Befreiung des Lagers Mauthausen durch Louis Haefliger eine Heldentat. Juristisch gesprochen: übergesetzlicher Notstand.

Die Essener Anklageschrift wegen Beihilfe zum Mord aus dem Jahre 1967 gegen den früheren Vortragenden Legationsrat aus dem Auswärtigen Amt, Horst Wagner, klagt diesen »Diplomaten« an, gemeinsam mit dem bereits hingerichteten Gestapodezernenten Adolf Eichmann die mörderische Deportierung von Hunderttausenden von Juden in die Todeslager des Ostens durchgeführt zu haben. Horst Wagner ist vor Durchführung seines Prozesses verstorben. Die Mordziffern dieses »Diplomaten«, die amtlich festgestellt wurden, sind ein Beweis für die jahrelange Zusammenarbeit zwischen Reichssicherheitshauptamt und Auswärtigem Amt.
Die Ziffern lauten:

Land:	deportiert:	getötet:
Ungarn	437402	300000*
Slowakei	10000*	7000*
Griechenland	34947	26854
Italien	7496	6886
Frankreich	23062	15884
Niederlande	2000*	–
Dänemark	27	–
zusammen	514934	356624

* = Mindestangaben

Der im Nürnberger Prozeß vor dem Internationalen Militärtribunal wegen Verbrechen gegen die Menschlichkeit usw.

zum Tode verurteilte Ernst Kaltenbrunner, Chef des Reichssicherheitshauptamtes, der Sicherheitspolizei und des SD, stellte zu seiner Verteidigung die phantastische Theorie auf: Die gelegentliche Erlaubnis zum Besuch von KZ-Lagern sei ein Beweis für sein menschliches Verhalten. – Während meines häufigen Anhörens dieser Argumentation stellte ich Anträge zur Ladung von sachverständigen Zeugen aus dem Roten Kreuz und anderen Personen. Abgesehen davon, daß Besuche von Konzentrationslagern nur in den letzten Kriegsmonaten vereinzelt bewilligt wurden, konnte die Erlaubnis hierzu einen Massenmörder nicht entlasten. Wie lächerlich Kaltenbrunners Versuche waren, beweisen seine Aussagen vom 11. April 1946. Er sprach von seiner Begegnung mit Carl Jacob Burckhardt, dem Präsidenten des Internationalen Komitees vom Roten Kreuz, im März 1945, »bei der ich mich um die Auslieferung aller Juden [an das IKRK] und um seine [Burckhardts] persönliche Betreuung aller jüdischen Lager bemühte und sie auch erreichte.«

Es ist traurig und geradezu beschämend, daß Kaltenbrunner über seine Beziehungen zum Roten Kreuz während der letzten Kriegsmonate vor Gericht sagen konnte: »Ich hatte am 19. April 1945 die Vollmacht bekommen, im Sinne der Besprechungen mit Burckhardt frei zu verfügen, und zwar über ausländische Zivilinternierte und hinsichtlich des Betretens aller Lager durch das Rote Kreuz. Ich habe bei dieser Gelegenheit erklärt, und zwar in Gegenwart Hitlers und Himmlers, daß mich mein Weg über Prag und Linz nach Innsbruck führe und daß ich dabei an Theresienstadt vorbeikäme. Ich sagte, dort befänden sich aber nicht nur jüdische Häftlinge, die der Betreuung durch das Rote Kreuz zugeführt werden sollten, sondern auch tschechische politische Häftlinge. Ich regte an, daß auch deren Entlassung erfolgen möge ... Ich hatte hierzu aber erst am 19. April, abends um 6.00 Uhr, Vollmacht bekommen.«

Zwischen Befreiung und Freiheit

Einen Tag nachdem das Konzentrationslager Mauthausen mit seinen beiden Nebenlagern Gusen von einer amerikanischen Vorhut befreit worden war, tobte der Krieg in der nächsten Umgebung. Zwischen der 11. US-Panzerdivision und der 3. SS-Panzerdivision kam es östlich von Linz zu einem kurzen und schweren Gefecht, das sogar mit einem Rückzug der Amerikaner endete. Die neue deutsche Führung unter Admiral Dönitz glaubte immer noch an einen Sonderfrieden mit den Westmächten und an einen gemeinsamen Feldzug gegen Osten – getreu dem Auftrag Hitlers, Europa vom Bolschewismus zu befreien.

An diesem Sonntag (6. Mai) kehrte Louis Haefliger von Gallneukirchen nach Mauthausen zurück. Er war sich bewußt, daß seine Aktion mit der Genfer Konvention nur schwer zu vereinbaren war. Was er noch nicht wissen konnte: daß er sogar auf internationaler Ebene ein Präjudiz geschaffen hatte, das noch Folgen haben sollte. Nach den Vereinbarungen zwischen der Sowjetunion und den Westmächten führte die Demarkationslinie durch Urfahr bei Linz, verlief also westlich von Mauthausen, so daß die Amerikaner in der Region des Lagers im Grunde genommen nichts zu suchen hatten. Haefliger bereute aber nichts, denn die Rettung von Zehntausenden von Menschen zählte mehr als alle juristischen und politischen Überlegungen.

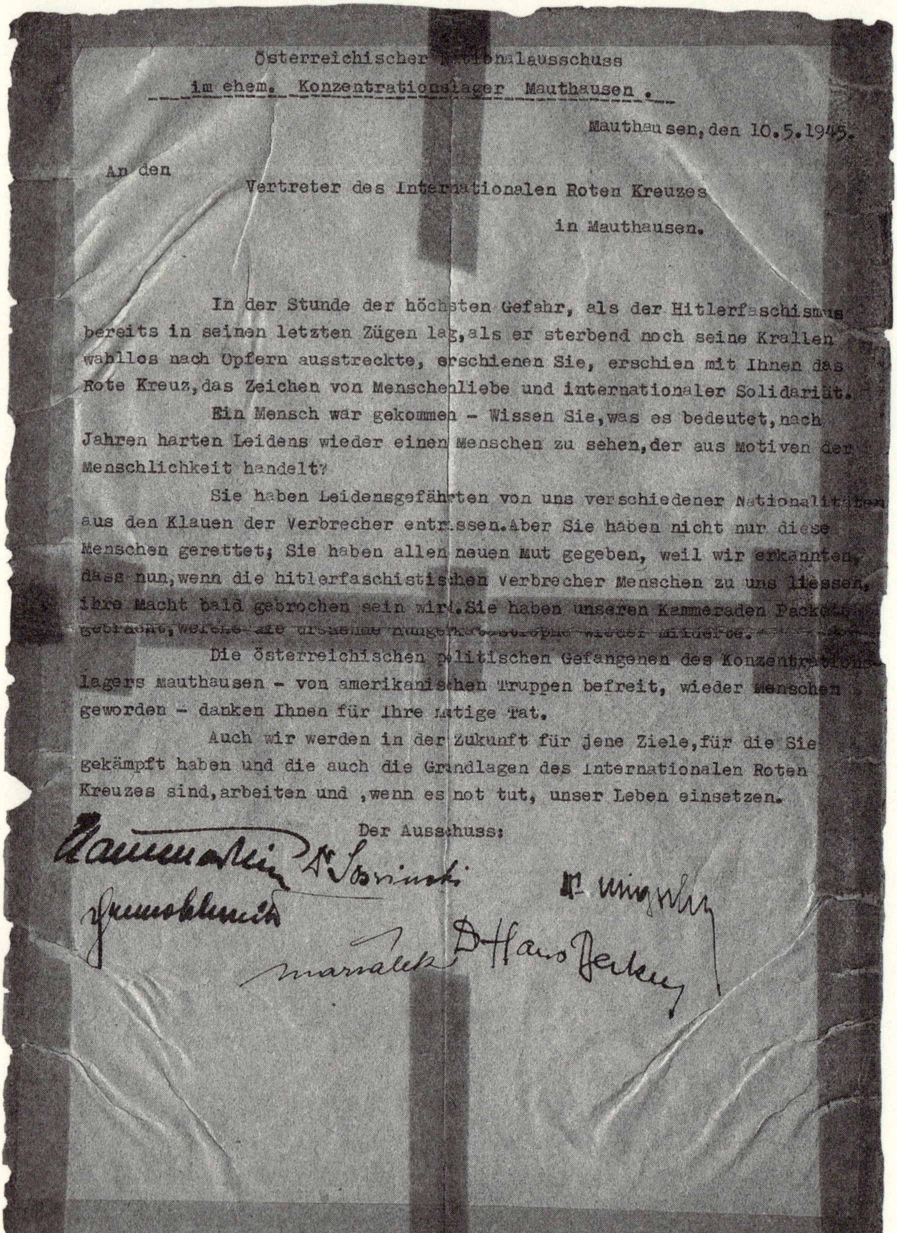

Österreichischer Nationalausschuss
im ehem. Konzentrationslager Mauthausen .

Mauthausen, den 10.5.1945.

An den

Vertreter des Internationalen Roten Kreuzes
in Mauthausen.

In der Stunde der höchsten Gefahr, als der Hitlerfaschismus bereits in seinen letzten Zügen lag, als er sterbend noch seine Krallen wahllos nach Opfern ausstreckte, erschienen Sie, erschien mit Ihnen das Rote Kreuz, das Zeichen von Menschenliebe und internationaler Solidariät.

Ein Mensch war gekommen - Wissen Sie, was es bedeutet, nach Jahren harten Leidens wieder einen Menschen zu sehen, der aus Motiven der Menschlichkeit handelt?

Sie haben Leidensgefährten von uns verschiedener Nationalitäten aus den Klauen der Verbrecher entrissen. Aber Sie haben nicht nur diese Menschen gerettet; Sie haben allen neuen Mut gegeben, weil wir erkannten, dass nun, wenn die hitlerfaschistischen Verbrecher Menschen zu uns liessen, ihre Macht bald gebrochen sein wird. Sie haben unseren Kammeraden Packete gebracht, welche die drohende Hungerkatastrophe wieder milderte.

Die österreichischen politischen Gefangenen des Konzentrationslagers Mauthausen - von amerikanischen Truppen befreit, wieder Menschen geworden - danken Ihnen für Ihre tätige Tat.

Auch wir werden in der Zukunft für jene Ziele, für die Sie gekämpft haben und die auch die Grundlagen des Internationalen Roten Kreuzes sind, arbeiten und , wenn es not tut, unser Leben einsetzen.

Der Ausschuss:

Am 10. Mai 1945, nur fünf Tage nach der Befreiung, dankte der »Österreichische Ausschuß im ehem. Konzentrationslager Mauthausen« Louis Haefliger für seine Tat.

Am 16. Mai 1945 übernahm der Oberst der Roten Armee Pirogow im Lager Mauthausen die überlebenden Sowjetbürger und dankte Haefliger in einer kurzen Ansprache. Später haben die Kommunisten Haefliger auf dem Bild wegretuschiert.

Noch im Frühjahr 1945 stimmte der sowjetische Major Hugo Huppert als Frontsprecher der Roten Armee eine Lagerballade an, die er »dem mutigen Louis Haefliger« widmete und aus der nur zwei Strophen angeführt seien:

Zur Schlafenszeit kann man nur Namen vergessen:
Mauthausen, Gusen, Gusen, Mauthausen.
Zur Essenszeit kann man vor Grauen nicht essen,
und trüb wird der Trunk vor Gruseln und Grausen.
Die Landschaften haben ihr Antlitz verloren,
sie sind Kreaturen von Krematoren,
umgeistert von Dohle und Wiedehopf,
von Fledermaus, Sanduhr und Totenkopf.

Die Uhr im Ärmel, den Ruf und die Stunde:
Schlag los, und der Sieger wird zum Versager!
Dein erster Wurf – seine letzte Runde!
Es geht ums Leben. Es geht ums Lager.
Gleich lockt Alarm mit heimtückischem Rollen
das Opfervolk in den tödlichen Stollen.
Nun fall dem Wutgelüst in den Arm,
dem Schaugemetzel, dem Mordalarm!

Louis Haefliger war der von allen anerkannte Retter, aber nachdem er seine den Amerikanern gegebenen Versprechungen eingelöst hatte, mußte er im befreiten Lager einige Enttäuschungen erleben. Das Zimmer, das er mit dem SS-Mann Reimer geteilt hatte, war durch befreite Häftlinge ausgeplündert. Sämtliche Effekten, sogar das schweizerische »Dienstbüchlein«, waren verschwunden.

Nun aber galt es, so gut wie möglich wieder Ruhe und Ordnung in das Lager zu bringen, in dem Tausende von Menschen, beflügelt vom Freiheitsrausch, ungeduldig auf die Rückkehr in ein neues Leben warteten. Der Kommunist Heinrich Dürmayer, der spätere Chef der österreichischen Staatspolizei, organisierte die Lagerkontrolle, stellte eine Wache auf und schützte die Häftlinge vor Übergriffen und Gewalttätigkeiten. In den Lagern Gusen I und Gusen II aber herrschte Unruhe. Als ein Häftling sah, wie ein amerikanischer Soldat unbeschadet den bis dahin elektrisch geladenen Stacheldrahtzaun berührte, war dies das Signal zum Ausbruch. Die einstigen Häftlinge terrorisierten die ganze Umgebung: Es wurde gestohlen, Frauen wurden vergewaltigt, Anwesen gebrandschatzt, Schweine in die Wohnstuben getrieben und dort geschlachtet. »In Plünderungswellen durchzogen sie die Gegend. Es war«, so erinnert sich Haefliger, »fast wie im Krieg.«

Am Montag (7. Mai) übernahmen die Amerikaner das Lager offiziell. Einheiten der 11. Panzerdivision, die tags zuvor noch erfolglos bei Linz gekämpft hatte und zur 3. US-Armee unter General George S. Patton gehörte, besetzten unter dem Kommando von Oberst Richard R. Seibel das Lager. Dies war der Tag, an dem um 2.41 Uhr französischer Zeit in einem kleinen Schulgebäude in Reims der erste Akt der Gesamtkapitulation Deutschlands erfolgte. Hier, im Hauptquartier von General Eisenhower, dem Oberbefehlshaber der alliierten Expeditionstruppen, unterzeichnete für Deutschland der neue Generalstabschef Alfred Jodl die Kapitulation. Für das alliierte Oberkommando unterschrieb Eisenhowers Generalstabschef Walter Bedell-Smith; General Iwan Suslaparow unterschrieb für das russische und General François Sevez für das französische Oberkommando. Die zweite Kapitulationserklärung wurde am 9. Mai in Karlshorst bei Berlin rechtskräftig. Dabei trug Generalfeldmarschall Wilhelm Keitel die Galauniform und legte eine noch größere Arroganz an den Tag als seine Mitunterzeichner Generaloberst Hans-Jürgen Stumpff und Generaladmiral Hans-Georg von Friedeburg. Der sowjetische Marschall Georgij K. Schukow und der britische Luftmarschall Sir Arthur Tedder zeichneten für die Alliierten. Der deutsche Wehrmachtsbericht dieses Tages (es war der letzte) kündigte dies mit den Worten an: »Seit Mitternacht schweigen nun an allen Fronten die Waffen. Auf Befehl des Großadmirals hat die Wehrmacht den aussichtslos gewordenen Kampf eingestellt. Damit ist das fast sechsjährige heldenhafte Ringen zu Ende. Es hat uns große Siege, aber auch schwere Niederlagen gebracht. Die deutsche Wehrmacht ist am Ende einer gewaltigen Übermacht ehrenvoll unterlegen.« Nicht Hitlers großspurige Voraussagen, sondern das Versprechen Sir Winston Churchills, 1943 im Londoner Rundfunk BBC abgegeben, ging in Erfüllung: »Wir werden Hitler schlagen. Wenn ich sage ›schlagen‹, so meine ich, daß nichts mehr von ihm übrig ist.«

Das Kriegsende bedeutete aber noch lange nicht den Frieden und keineswegs die Rückkehr zur Normalität. In Mauthausen mußte der Abtransport der Häftlinge in ihre Heimat organisiert werden. Hier weilten immerhin Menschen aus rund zwanzig Staaten, und Verkehrsmittel standen nur in beschränktem Umfang zur Verfügung, auch waren viele Verkehrswege unterbrochen. Das größte Problem aber bildeten die etwa viertausend kranken Häftlinge, die zum Teil in besorgniserregendem Zustand waren. Dazu Louis Haefliger: »Es mußte möglichst rasch gehandelt werden, denn hier im Lager lagen diese armen Kranken auf den primitiven Pritschen, die noch aus der SS-Zeit stammten, oft sogar zwei oder gar drei zusammen. Ich haben dann Kontakt mit den Amerikanern und mit den Russen aufgenommen und habe bei beiden Seiten Unterstützung gefunden. Ich bin nach Berg gefahren und nach Linz, und in den Lagerhäusern habe ich zusammengetrommelt, was notwendig und brauchbar war. Auf diese Weise konnten wir schließlich in der Gemeinde Gusen ein Notspital aufmachen und das Krankenlager vom Lager Mauthausen dorthin übersiedeln.«

Nach dieser dringendsten Maßnahme begann man damit, die geh- und transportfähigen einstigen Häftlinge mit Abgangspapieren auszustatten. Eine sogenannte »Palästinabrigade« kam nach Mauthausen. Sie kümmerte sich um die Juden, von denen ein Großteil nach Israel auswandern wollte, das damals als Staat

Ende Mai 1945 wurde der Lagerkommandant Franz Ziereis, der sich in der Gegend versteckt hatte, aufgestöbert. Auf der Flucht wurde er angeschossen. Die Amerikaner versuchten ihn zu retten, doch starb er auf dem Operationstisch, nachdem er vorher noch ein ausführliches Geständnis abgelegt hatte. Die befreiten Häftlinge hängten seine Leiche in den Stacheldrahtzaun.

Noch steht der Ernst in ihren Gesichtern: die Näherinnen, die kurz zuvor für Haefligers Befreiungstat eine Schweizerfahne, eine Rotkreuzfahne und eine weiße Fahne geschneidert haben.

NO 4) UNITED STATES GOVERNMENT
MAUTHAUSEN CAMP, AUSTRIA

12 Jun 1945

PERMANENT PASS

LOUIS HAFLINGER is authorized to enter, leave, and go about the confines of Mauthausen Camp to perform duties as a delegate of International Red Cross.

MICHEL H. LEVY
Capt. Inf
Camp Comdr.

Haefligers US-Dauerpaß für Mauthausen, nachdem die Amerikaner das Lager übernommen haben.

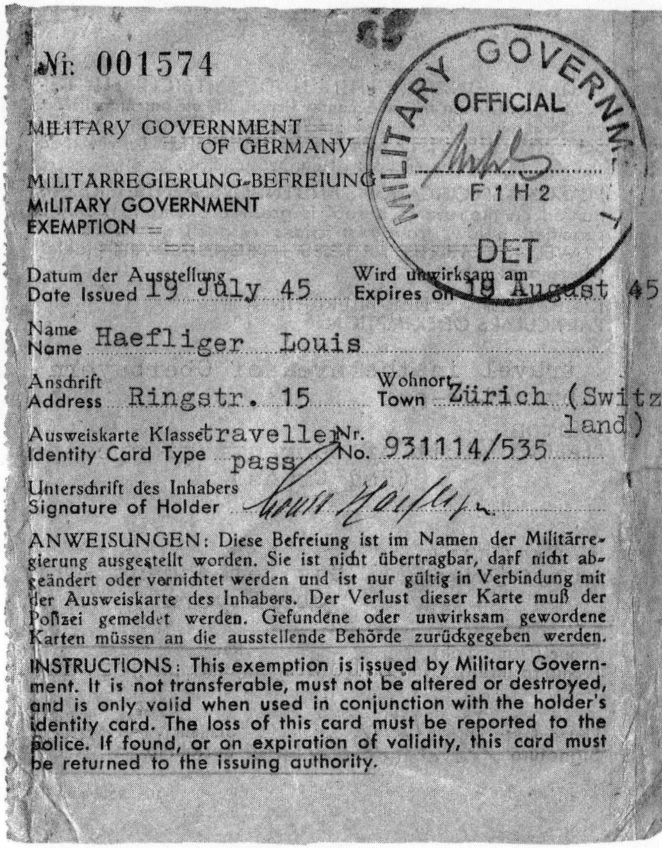

Nr. 001574

MILITARY GOVERNMENT
OF GERMANY

MILITÄRREGIERUNG-BEFREIUNG
MILITARY GOVERNMENT
EXEMPTION

MILITARY GOVERNMENT
OFFICIAL
F 1 H 2
DET

Datum der Ausstellung
Date Issued 19 July 45

Wird unwirksam am
Expires on 19 August 45

Name
Name Haefliger Louis

Anschrift
Address Ringstr. 15

Wohnort
Town Zürich (Switzeland)

Ausweiskarte Klasse
Identity Card Type traveller pass

Nr.
No. 931114/535

Unterschrift des Inhabers
Signature of Holder

ANWEISUNGEN: Diese Befreiung ist im Namen der Militärregierung ausgestellt worden. Sie ist nicht übertragbar, darf nicht abgeändert oder vernichtet werden und ist nur gültig in Verbindung mit der Ausweiskarte des Inhabers. Der Verlust dieser Karte muß der Polizei gemeldet werden. Gefundene oder unwirksam gewordene Karten müssen an die ausstellende Behörde zurückgegeben werden.

INSTRUCTIONS: This exemption is issued by Military Government. It is not transferable, must not be altered or destroyed, and is only valid when used in conjunction with the holder's identity card. The loss of this card must be reported to the police. If found, or on expiration of validity, this card must be returned to the issuing authority.

Die amerikanische Militärregierung befreite im Juli 1945 Louis Haefliger von allen Reisebeschränkungen, damit er in Oberbayern ehemalige KZs besuchen konnte.

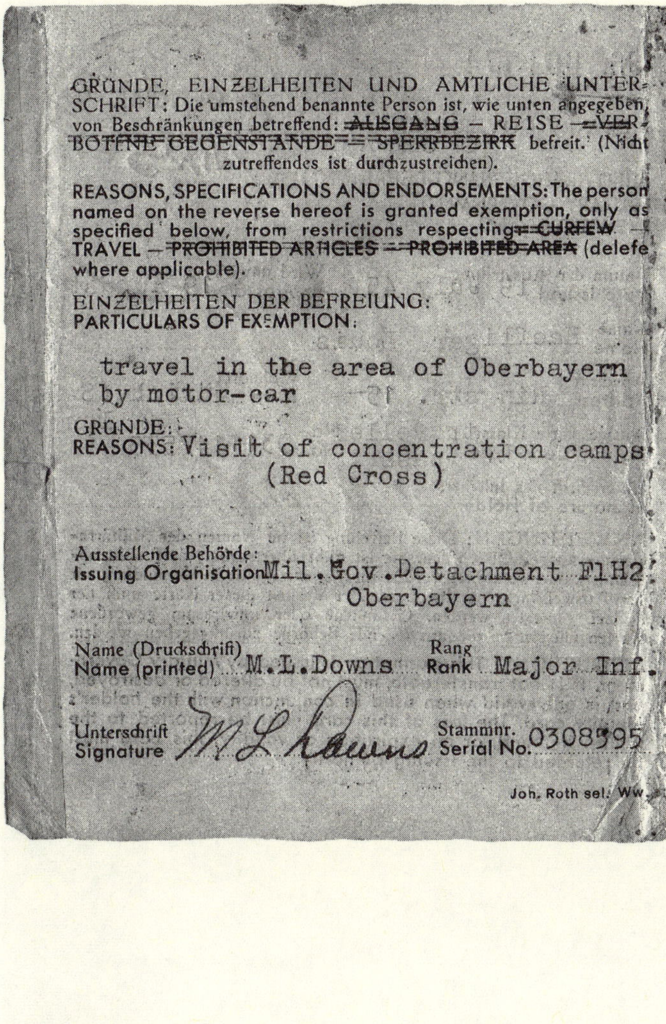

GRÜNDE, EINZELHEITEN UND AMTLICHE UNTERSCHRIFT: Die umstehend benannte Person ist, wie unten angegeben, von Beschränkungen betreffend: ~~AUSGANG~~ – REISE – ~~VERBOTENE GEGENSTÄNDE – SPERRBEZIRK~~ befreit. (Nicht zutreffendes ist durchzustreichen).

REASONS, SPECIFICATIONS AND ENDORSEMENTS: The person named on the reverse hereof is granted exemption, only as specified below, from restrictions respecting ~~CURFEW~~ – TRAVEL – ~~PROHIBITED ARTICLES – PROHIBITED AREA~~ (delete where applicable).

EINZELHEITEN DER BEFREIUNG:
PARTICULARS OF EXEMPTION:

travel in the area of Oberbayern
by motor-car

GRÜNDE:
REASONS: Visit of concentration camps
(Red Cross)

Ausstellende Behörde:
Issuing Organisation Mil.Gov.Detachment F1H2
Oberbayern

Name (Druckschrift) / Name (printed) M.L.Downs   Rang / Rank Major Inf.

Unterschrift / Signature M L Downs   Stammnr. / Serial No. 0308595

Joh. Roth sel. Ww.

An der Lagermauer wurde später eine Gedenktafel angebracht für die 3. US-Armee, die noch vor Kriegsende Mauthausen und seine Nebenlager befreit hatte.

noch nicht existierte. Die österreichischen, vor allem die Wiener Juden wollten nach Hause, aber insbesondere die polnischen Juden ersuchten um die Überfahrt nach dem Gelobten Land. Haefliger arbeitete mit dieser Spezialbrigade ausgezeichnet zusammen; nicht ohne innere Rührung sagt er: »Ich habe als Einzelperson wahrscheinlich das größte Kontingent von Juden nach Israel überführt, und darauf bin ich stolz.« Die Reisewilligen wurden mit Lastwagen nach München gebracht und von dort in Sammeltransporten nach Palästina geführt. Haefliger standen amerikanische Lastwagen zur Verfügung, mit denen er die Deutschen und die Tschechen abtransportieren konnte. Mit schweizerischen Lastwagen ließ er die Spanier in die Schweiz bringen. Es handelte sich dabei um sogenannte Rot-Spanier – also um Republikaner, die gegen Franco gekämpft hatten. Schwierigkeiten ergaben sich mit den Ungarn, die man auf der Donau nach Hause fahren lassen wollte. »Einmal stand mir ein Schiff zur Verfügung, aber keine Kohle«, erinnert sich Haefliger, »und wenn ich Kohle hatte, fand ich keinen Kapitän. Dann habe ich im Bahnhof eine Lokomotive organisiert mit ein paar Güterwagen, aber dann war es wieder schwer, Kohle aufzutreiben. Nachdem das gelungen war, fuhr der kleine Zug mit drei Wagen nach Ungarn, wo man zusätzliches Rollmaterial organisieren konnte, so daß eine doppelt so lange Komposition nach Mauthausen zurückkehrte und der weitere Abtransport bewerkstelligt werden konnte.«

Bleibt noch die Frage, was aus den Gegenspielern geworden ist – nämlich aus dem SS-Mann Reimer, mit dem Haefliger das Zimmer geteilt und der ihn am 5. Mai zusammen mit dem Feuerwehrkommandanten Langer maßgeblich unterstützt hatte. Und was geschah mit dem übelsten Schergen, mit Lagerkommandant Ziereis? Dazu Haefliger im rückblickenden Gespräch: »Langer und Reimer hatte ich überall ergebnislos gesucht. Etwas später vernahm ich, Langer sei als angeblicher Lagerkommandant verurteilt worden. Ich habe mich dann sofort für ihn eingesetzt und darauf hingewiesen, daß er nicht Lager-, sondern Feuerwehrkommandant gewesen sei. Das Urteil wurde hierauf revidiert. Im März 1947 stieß ich dann auch auf den Verbleib Reimers. Ich hatte von einer tschechischen Vereinigung von KZ-Insassen eine Einladung nach Prag erhalten. Um Mitternacht hätte unser Zug vom Wiener Nordbahnhof wegfahren sollen. Wenige Stunden vorher aber traf ein Brief ein, der lange Zeit unterwegs gewesen war. Es war ein Schreiben von Frau Reimer, die mitteilte, ihr Mann sei verurteilt worden; die Exekution werde an dem und dem Tag vollstreckt. Es war der morgige Tag! Ich begab mich also sofort zu den Amerikanern, die meine Niederschrift nach Baden-Baden und auch an die US-Botschaft in Bern durchgegeben haben. In den frühen Morgenstunden, nachdem der Prager Zug schon längst abgefahren war, kam endlich die ersehnte Meldung: ›Das Todesurteil ist vorläufig sistiert.‹ Ich bin dann mit Nadja Maximowitsch, einer Sängerin und Schauspielerin, die ich schon fast ein Jahr zuvor durch einen ehemaligen Häftling von Gusen kennengelernt hatte, nach Prag gefahren, wo wir uns verlobten. Die Sache Reimer habe ich aber nicht fallengelassen, sondern alle Hebel in Bewegung gesetzt, um zu seinen Gunsten auszusagen. Später erhielt ich eine erste Nachricht, das Urteil sei auf ›Lebenslänglich‹ abgeändert worden. Einige Zeit danach traf aus Landsberg, wo Reimer inhaftiert war, die Meldung ein, er sei auf zwölf Jahre begnadigt worden. An Weihnachten 1951 lud Bundeskanzler Leopold Figl, selbst ein ehemaliger Mauthausener, meine Frau und mich nach Dürnstein ins Hotel Richard Löwenherz ein, wo wir wie Fürsten aufgenommen wurden. Dort traf eine Postkarte ein: ›Lieber Herr Haefliger, heute bin ich in Landsberg entlassen worden. Reimer.‹ Das war mein schönstes Weihnachtsgeschenk. Die Karte habe ich ...« Haefliger kann nicht mehr weiter erzählen. Die Tränen stehen ihm in den Augen ...

Ein anderes und in seiner Tragik gerechtes Schicksal

ereilte Franz Ziereis, den brutalen Mörder von Mauthausen. Am 24. Mai 1945 meldete sich ein etwa zwölfjähriger Junge bei den amerikanischen Besatzungsbehörden von Gusen. Aufgeregt stammelte er: »Mein Vater ist ein Verbrecher, und ich weiß, wo er sich aufhält.« Der Junge beschrieb eine kleine Schrebergartenhütte jenseits der Donau, in der sich sein Vater versteckt hatte. Eine sofort aufbrechende amerikanische Streife, unterstützt von polnischen Häftlingen, begab sich an Ort und Stelle. Ziereis versuchte zu flüchten, worauf Schüsse fielen. Einer davon durchschlug Ziereis' linken Arm, ein zweiter traf ihn in den Unterleib. Der österreichische Schriftsteller Friedrich von Gagern beschreibt die Szene mit den Worten: »Der Meisterschütze, der große Jäger mit den viertausend eigenhändig erlegten wehrlosen Menschen im Schußbuch, der sadistische Henker ist zur Strecke. Kümmerlich liegt er auf dem Strohsack im Quartier des ehemaligen Schutzhaftlagerführers Seidler in Gusen. Vielleicht, so mag er in Todesbitterkeit denken, würde er selber besser getroffen haben: Aber noch soll er unter der Wirkung belebender Mittel aussagen ...«
Die »Intelligence Confide« der Amerikaner nahm dann ein Protokoll auf, das vom Informations- und Pressedienst der Österreichischen Widerstandsbewegung (Ö.W.I.P.) veröffentlicht wurde: »Ich, Franz Ziereis, bin am 13.8.1905 in München geboren. Mein Vater ist im Weltkriege im Jahre 1916 gefallen. Er war von Beruf Eisenbahnbeamter. Meine Mutter lebt noch und wohnt in München. Ich habe noch einen Bruder, Rudolf Ziereis, er ist 38 Jahre alt und von Beruf Lokomotivführer. Meine 2 Schwestern sind Margarete Ziereis, 47 Jahre alt, und Wilhelmine Ziereis, 32 Jahre alt. Von Beruf bin ich Kaufmann. Während einer Periode längerer Arbeitslosigkeit arbeitete ich als angelernter Tischler. Vom 1. April 1924 bis 30. September 1936 war ich Soldat im 19. bayerischen Infanterieregiment. Ich brachte es dort bis zum Range eines Feldwebels. Nach der Wiedererrichtung der Wehrhoheit des Deutschen Reiches wurde

ich Oberleutnant. Ich verließ die Wehrmacht, um in die SS als Ausbildungsreferent im Range eines Obersturmführers einzutreten. Ich wurde der 4. Standarte in Oranienburg zugeteilt. Am 17. Februar 1939 kam ich nach Mauthausen im Range eines Hauptsturmführers. Mein Vorgänger war der ehemalige Kommandant Saurer.
Meine ungewöhnlich schnelle Karriere führe ich auf den Umstand zurück, daß ich mich öfter freiwillig an die Front meldete. Auf Befehl des Reichsführers der SS war ich gezwungen, in Mauthausen zu bleiben.
Die SS-Bewachung in Mauthausen wurde nach folgendem Schlüssel errichtet: ein SS-Mann auf 10 Häftlinge. Die höchste Häftlingszahl betrug in Mauthausen 17000. Die Nebenlager sind nicht darin eingerechnet. Mit diesen Nebenlagern erreichte der Höchststand der Lagerinsassen die Zahl von 95000.
Die Gesamtzahl der Verstorbenen ist 65000. Die Bewachung bestand anfangs aus Mitgliedern der Totenkopfverbände in Stärke von 5000 Mann. Sie verteilten sich auf Wachtruppen und Kommandanturstab. Später kamen zu dieser Zahl weitere 6000 Mann dazu, sie waren der Wehrmacht und der Luftwaffe entnommen und in SS-Uniformen eingekleidet worden.
Ganz zum Schluß wurden auch ehemalige Häftlinge in die SS eingestellt. Man gedachte, sie besonders im Kampf gegen den Bolschewismus zu verwenden. Sie wurden als Freiwillige deklariert, aber sie waren dazu gezwungen.
Die jeweiligen Verbrennungsbefehle gab das Reichssicherheitsamt in Berlin unter dem Gruppenführer Glucks.
Mordbefehle wurden nur von Himmler persönlich ausgegeben. Er war einmal in Mauthausen und zeigte mir eigenhändig, wie man mit Gefangenen umgeht. Er hob einen Stein von 45 kg auf die Schulter eines Häftlings, der so lange mit dem Stein gehen mußte, bis er zusammenbrach.
Ich selbst bin verantwortlich für den Tod von ungefähr 4000 Gefangenen. Berlin hatte befohlen, diese 4000 Ge-

fangenen in neu zu gründende Strafkompanien zu stekken, zwecks schnellerer und besserer Vernichtung. Ich habe den Befehl ausgeführt.
Bei Exekutionen war ich immer dabei. Die Exekution im Jahre 1940 an 32 Häftlingen, überwiegend Polen aus Warschau, wurde auf Befehl des Sturmführers Heydrich vollzogen. Ich selbst habe die Exekutierten oft mit dem Kleinkalibergewehr getötet, da die Volksdeutschen unter der SS sehr schlecht zielten.
Das Schießen mit Kleinkaliberwaffen war von Gruppenführer Glucks befohlen. In Sachsenhausen ließ er dafür eigene Schießstände bauen, und zwar in einer Sonderbaracke. Man führte die Häftlinge dorthin, um sie mit Genickschüssen zu erledigen.
Dr. Lohauer und Recult ordneten an, sogenannte unverbesserliche Verbrecher als Geisteskranke nach Hartheim bei Linz zu schicken. Dort wurden sie durch ein Spezialsystem des Hauptsturmführers Krebsbach ums Leben gebracht.
In Mauthausen geht die größte Zahl der Ermordeten auf das Konto Bachmaiers.
Für Morde in Gusen zeichnet Seidler verantwortlich.
Chmielevsky und Seidler ließen sich tätowierte Menschenhaut gerben, um daraus Lampenschirme, Bucheinbände und Taschen anfertigen zu lassen. Ich selbst ließ mir nie so etwas machen. Später wurde das von Berlin aus verboten.
Das Krematoriumskommando bestand aus Häftlingen, die mit niemandem in Fühlung kommen durften. Sie sollten auf Befehl Himmlers fallweise liquidiert werden.
Chmielevsky ermordete in Gusen einige tausend Gefangene eigenhändig. Bei seinen Trinkgelagen habe ich nicht mitgemacht. Ich habe nur auf Befehl gehandelt.
Aktionär der Firma Dest war ich nicht. Ich war als ihr Betriebsleiter eingesetzt und bezog dort monatlich RM 300.–. Ich hatte allerdings nichts dabei zu tun.
Als Lagerkommandant bezog ich RM 600.–. Weitere Einnahmen hatte ich nicht. Ein Jagdterrain war mir von einem Standartenführer zur Verfügung gestellt wor-

den, ich brauchte nichts dafür zu bezahlen. Der Unterhalt eines Kleinflugzeuges kostete mich nicht besonders viel.
Ich hatte den Befehl, Gusen I und II durch die Kellerbautunnel und teilweise im ›Bergkristall‹ in die Luft zu sprengen, falls sich der Feind dem Lager nähert.
Im Februar 1945 kam durch Gruppenführer Pohl der Befehl, alle Häftlinge in den Wäldern zu ermorden, wenn feststeht, daß Deutschland den Krieg verliert. Ich persönlich hielt diese Befehle für dumm. Nach einer Aussprache mit meiner Frau, die davon wußte und die mir riet, diese Befehle zu ignorieren, beschloß ich, deren Vollzug aufzuschieben.
Als die großen Evakuierungsmaßnahmen aus den verschiedenen Lagern begannen, wurde Mauthausen als das letzte Ziel gewählt. Es kamen zahlreiche Transporte von Auschwitz, Buchenwald, Groß-Rosen, Sachsenhausen und Dachau.
Viele Frauen- und Kindertransporte kamen unangemeldet. Es war infolgedessen keine Verpflegung für sie da.
Die Landesbauernführer lehnten eine Unterstützung ab. Auf eine Intervention in Berlin erhielt ich die Antwort, mich nicht um diese Sache zu kümmern. Ich wurde heftig kritisiert. Bei jedem dieser Transporte waren 600 bis 800 tot.
Viele davon wurden schon während der Fahrt aus den Waggons geworfen.
8 Tage vor Kriegsende war ein Transport von 4800 Häftlingen unterwegs von Dachau nach Mauthausen. Nur 180 davon erreichten das Ziel. Der Rest starb vor Hunger, da die Leute nur für einen Tag Proviant hatten, ein anderer Teil wurde bei Fluchtversuchen erschossen.
In den letzten Tagen ermordete Bachmaier die im Krematorium beschäftigten Häftlinge, um die letzten Zeugen zu beseitigen …«
Die amerikanischen Ärzte versuchten, Ziereis durch eine Operation zu retten, doch hauchte er noch unter dem

Skalpell sein mörderisches Leben aus. »Die Gefangenen«, so schrieb Friedrich von Gagern, »vernahmen die Kunde, stürmten den Raum, holten die nackte Leiche vom Tisch, schleiften sie am Halsstrick durchs Lager, malten ihr mit roter Farbe einen letzten Heilgruß an den Führer über Rücken und Gesäß und hängten sie am Stacheldrahtzaun auf. – Ziereis, einer von vielen, als lebendes wie als verendendes Untier aus Hitler-Himmlerscher Zucht und Abrichtung ...«

Simon Wiesenthal

»Wird man mich das ganze Leben schlagen?«

Dipl.-Ing. Simon Wiesenthal

Geboren 1908 in Galizien, damals Österreich-Ungarn, später Polen, heute UdSSR. Vater als österreichischer Soldat im Ersten Weltkrieg gefallen, Mutter 1942 von den Nazis vergast. Technische Hochschule in Prag und Lemberg, Abschluß als Ingenieur-Architekt. 1941 im Ghetto Lemberg, dann in den Konzentrationslagern Lemberg, Krakau, Groß-Rosen, Buchenwald und Mauthausen. 1947 Gründung des Jüdischen Dokumentationszentrums, Präsident des Bundes Jüdischer Verfolgter des Naziregimes und Leiter des Dokumentationszentrums dieser Organisation. Vizepräsident der Internationalen Widerstandsbewegung und der Österreichischen Widerstandsbewegung.

Mauthausen war mein letztes Lager. Ich bin hierhergekommen am 7. Februar 1945. Ich war derart runtergekommen, daß man mich gleich auf den Todesblock gegeben hat, Block 6, unten im Russenlager. Wir bekamen eine Suppe am Tag, das war wahrscheinlich billiger als eine Kugel. Zudem hing das wahrscheinlich auch damit zusammen, daß die Krematorien gar nicht alle Leichen verarbeiten konnten. Am 5. Mai, als uns die Amerikaner befreit haben, lagen 3000 Leichen, die nicht verbrannt werden konnten, überall herum. In unserem Block sind im März von 1500 Häftlingen 900 gestorben.

Wir sind zu viert in einem Bett gelegen, und dann hörte man in der Früh die Türe aufgehen, und es wurde gefragt: »Wie viele diese Nacht krepiert?« Der Stubendienst sagte die Ziffer. Das war alles, dann sind noch vier halbwegs Kräftige das Essen holen gegangen. Der Hunger war so groß, daß Kameraden, die zu viert auf der Pritsche lagen, wenn einer gestorben war, dies nicht gemeldet haben, um die Suppe für ihn zu kriegen.

Dann kamen die Amerikaner. Ich konnte nicht gehen, ich bin herausgekrochen auf allen vieren, wollte zu den amerikanischen Tanks gelangen. Da bin ich auf dem Weg sozusagen steckengeblieben, ich konnte nicht mehr. Ich wog 44 Kilo. Und die Amerikaner haben so viel Essen gebracht, alles, was das Militär hatte: riesige Konservenbüchsen mit Erbsen und Speck. Das hat man in Kesseln gegeben. Können Sie sich das vorstellen? Neben jedem Kessel lagen dann Tote. Ich weiß nicht, aber es war, weil die Leute ja mit den Augen gegessen haben. Wir hatten ein paar Häftlingsärzte, die konnten die Leute nicht vom Essen wegreißen. Das war für mich Mauthausen!

Am Tage der Befreiung habe ich das erste Mal nach Jahren geweint, weil mir klar wurde: Ich bin allein! Zuerst war diese große Spannung des Überlebens. Ich wußte, daß für Gott und für Hitler für beide kein Platz ist, einer muß weichen. Das habe ich gewußt, ich wußte nur nicht, wann. Ob man uns ins Grab hineinschreien wird: Der Hitler hat den Krieg verloren! Ich habe mir oft gesagt: Ich will nur deren Untergang sehen, und dann kann ich sterben.

In mir, wie soll ich das sagen, wollte ich irgendwie den Beweis haben, daß ich frei bin. Da hörte ich von den anderen: Die Kräftigeren gehen auf ein anderes Lager und kommen dann zurück, aber dafür muß man einen Durchlaßschein haben, weil das Lager bewacht wird von den Amerikanern. Und wer gibt den aus? Der Blockschreiber. Dann habe ich mich durch die Baracken getastet und habe dann – es war etwa fünf Uhr nachmittags – angeklopft. »Herein! Was willst du?« Da sage ich: »Ich will einen Durchlaßschein.« »Du? Mudelmann?« Mudelmänner hat man die Leute genannt, die man in den Ofen schickt. Der Blockschreiber war ein Häftling, Kazimierz Rusinek. Ich habe ihn gesehen, er war wie ein Funktionär, gut beisammen, und da habe ich gesagt: »Aber ich will einen Schein.« Da hat er begonnen, mich zu prügeln, und hat mich geschlagen und mich herausgezerrt, zwischen den Baracken. Ich weiß nicht, warum. Und da bin ich liegengeblieben, bis mich andere Häftlinge hineingebracht haben. Und da habe ich gesagt: »Zwei Tage nach der Befreiung schlägt man mich? Wird man mich das ganze Leben schlagen?«

Am nächsten Tag in der Früh haben mich ein Arzt und noch ein Häftling – ich konnte ja nicht gehen – zum amerikanischen Lagerkommandanten gebracht. Der Lagerkommandant hat über einen Dolmetscher gesprochen und ge-

sagt: »Wir haben eine spezielle Abteilung für so etwas.« Und das war meine Bekanntschaft mit War-Crimes, der Kriegsverbrecherkommission. Auf diese Weise und in Mauthausen! Man hat mich hingesetzt. Ich habe gesehen: Zivilisten arbeiteten an der Schreibmaschine, sie sprachen deutsch, vermutlich auch Häftlinge, und man führte SS-Leute hinein, und die Militärpolizei kam ... Auf einmal habe ich gesehen: Es geschieht etwas für die Gerechtigkeit. Und als so eine halbe Stunde später ein amerikanischer Leutnant zu mir herübergekommen ist, habe ich fast vergessen, warum ich hier bin. Ich habe ihm dann das Vorgefallene erklärt. Wie ich zurückgekommen bin in die Baracke, weiß ich bis heute nicht.
Bald kamen verschiedene Polen zu mir. Die Polen waren geteilt in zwei Gruppen: die einen, die zurück wollten nach Polen, obwohl die Sowjets dort waren, und die anderen, die orientiert waren auf die Exilregierung in London. Die, die zurück wollten, die kamen zu mir und haben gesagt: »Du mußt die Klage zurückziehen.« Zuerst kam Rusinek, der mich geschlagen hatte. Er war später Kulturminister in Polen. Dann kam Jozef Cyrankiewicz, der spätere polnische Ministerpräsident: »Schau, du kannst nicht deine Befreiung feiern, indem du einen Kollegen in einen Bunker mit den SS-Leuten schickst. Wir sollen uns konzentrieren gegen die Nazis, wir wissen nicht, warum Rusinek so verrückt war.« Ich habe keinem die Antwort gegeben, ob ich die Klage zurückziehe oder nicht. Doch am nächsten Tag bin ich wieder zum Kommandanten gegangen, um zu sehen, was sich dort abspielt. Und der fragt: »Hat man dich schon wieder geschlagen?« Ich sagte: »Nein, aber ich möchte die Klage zurückziehen.« Er: »Was glaubst du, wir veranstalten da Kinderspiele? Er hat dich geschlagen, das haben viele Leute gesehen, also er muß sich bei dir entschuldigen. Bleib hier sitzen.« Er hat vielleicht 500 Leute in einem Halbrund zusammengetrommelt. Er hat mich hingeführt, und wir standen beide in der Mitte. Cyrankiewicz ist gekommen mit dem Rusinek, der dann sagte: »Kollege, ich möchte mich entschuldigen.« Darauf sagte ich: »Gut, aber die Hand gebe ich dir nicht; ich weiß nicht, wen du außer mir noch

geschlagen hast.« Was Rusinek in Polen während des Sechstagekrieges von 1967 gegen Israel aufgeführt hat, spottet jeder Beschreibung.

Wenige Tage später bin ich dann von meiner Pritsche in der Baracke aufgestanden und hinausgegangen. Ich schaute den SS-Männern zu, die Gräber schaufeln mußten für die 3000 Leichen unserer Kameraden. Vor zwei Wochen noch hätten sie mich halb totgeschlagen, wenn ich gewagt hätte, ihnen zuzuschauen. Jetzt schienen sie sich zu fürchten, an mir vorbeizugehen. Ein SS-Mann bat einen amerikanischen Soldaten um eine Zigarette. Der Soldat warf daraufhin die Zigarette, die er gerade rauchte, weg. Der SS-Mann bückte sich, aber ein anderer SS-Mann war schneller und erwischte den Stummel. Die beiden prügelten sich um den Stummel, bis der Soldat befahl, aufzuhören.

Nur zwei Wochen waren vergangen, und die Elite des »Tausendjährigen Reiches« raufte sich um einen Zigarettenstummel.

Verkannt – verleugnet – verfemt

Genau zehn Tage nach der Befreiung, am 15. Mai 1945, stattete der Kommandant der 2. Ukrainischen Front, Marschall Rodion Jakowlewitsch Malinowski, dem Lager Mauthausen einen offiziellen Besuch ab. Er war nicht wenig überrascht, hier Amerikaner vorzufinden. Das brachte denn der US-Captain Michel Lewy auch unmißverständlich zu Gehör, und dieser stellte ihm zur Erklärung des Sachverhaltes Louis Haefliger vor. Einmal mehr mußte Haefliger Rede und Antwort stehen. Er legte seine Gründe dar und betonte, Eile sei geboten gewesen, um der geplanten Sprengung zuvorzukommen. Er habe diese Aktion als Delegierter des Internationalen Komitees vom Roten Kreuz unternommen, um Menschen zu retten – darunter über 15000 Russen, 18000 Ungarn, 15000 Polen und auch zwei Amerikaner.

Nun schlug Marschall Malinowski, der spätere sowjetische Verteidigungsminister, einen feierlichen Ton an: »Ihr Rang und Ihr eigentlicher Auftrag gehen mich nichts an. Ich habe es lediglich mit einem Mann zu tun, und da weiß ich nur das eine: daß Sie als Mann und Schweizer Soldat richtig gehandelt haben. Unter den gegebenen Umständen, wenn eine Rettung von 60000 Menschen in allerletzter Stunde überhaupt noch versucht werden und gelingen sollte, konnten Sie gar nicht anders als auf dem von Ihnen beschrittenen Weg han-

Jahre später hat Louis Haefliger das Lager Mauthausen mehrmals besucht.

WIENER Wochenausgabe

Preis 30 Groschen

Erscheint jeden Samstag

Redaktion, Verwaltung und Administration, Wien, IX., Canisiusgasse 8–10, Telephon A 16-4-83, A 16-4-88, A 17-004, A 17-0-14

Bezugspreis vierteljährlich S 4·– einschließlich Porto

Jahrgang 2 | 9. März 1946 | Nr. 18

Aus dem Inhalt:

Der Held von Mauthausen – ein Schweizer Bankbeamter

Das Wunder der 60.000 KZler

Von Karl Röder

In seiner glücklichen Heimat, die den Weltkrieg 1914—1918 ohne die kleinsten Wunden überstanden hat, sitzt hinter dem Schalter einer Schweizer Großbank der 22jährige Beamte Louis Haefliger. Man schreibt das Jahr 1925. In seinem Leben ist alles zum Besten geregelt. Seine Familie daheim lebt in geordneten Verhältnissen, er kann sich von seiner Monatsgage das behagliche Leben des geruhigen Schweizer Mittelstandes ganz genau so einrichten, wie es ihm paßt. Er ist ein junger Mensch von saubersten Charakter, hat Neigungen für schöne Künste, zum Wochenende fährt er jahraus jahrein in die Berge, im Winter zum Skilauf, im Sommer in den Fels der so geliebten, ewig-schönen, ewig ihn magisch anziehenden heimatlichen Hochgebirgswelt. Auch für Leichtathletik hat er eine Schwäche. Er wird einmal sogar [illegible] Da kann man abreagieren, was drinnen, in der jungen Brust alles an [illegible] tobt.

So vergehen die Jahre, vergeht ein Jahrzehnt, ein zweites. Der zweite, viel größere, viel schrecklichere, ja der eigentliche Weltkrieg peitscht über die Erde. Wirbelt Millionen Menschen ins Jenseits, zerfetzt Völker und Landkarten. Der Bankbeamte Louis Haefliger ist ein reifer Mann geworden. Er spürt einen immer enger werdenden, unsichtbaren, aber drückenden Ring um seine Brust. Das ist ja Wahnsinn, was da draußen rings um seine geliebte Schweizer Heimat mit apokalyptischer Rasanz sein Land umtobt! Von Tag zu Tag wird er unruhiger hinter seinem Bankschalter. So kann man ja nicht weiterleben, man m u ß etwas tun, man muß eine Tat setzen, man hat kein Recht, durch das sauber geputzte, unbeschädigte Schweizer Fenster auf die Schlachtfelder rings um die Grenzen zu schauen, sich mit dem Lesen der schauderhaftesten Bombenkriegsberichte zu begnügen. Oh, könnte er doch gegen diese entfesselte, satanische zweiköpfige Bestie Faschismus-Nationalsozialismus kämpfen, wie es ihm sein Gewissen mit immer mehr wachsender Eindringlichkeit befiehlt!

Er sinnt und sinnt — es muß ein Wunder geschehen, er fühlt es, s o kann er nicht weiterleben.

Da kommt der Tag, den er ersehnt hat. Als Delegierter des Roten Kreuzes soll er am 28. April 1945 in das KZ. Mauthausen fahren, mit Lebensmittelspenden, er soll die Repatriierung der dort festgehaltenen Ausländer in die Wege leiten.

Am folgenden Morgen ist er mit seiner Wagenkolonne schon mitten in der mit tragischer Zwangsläufigkeit abrollenden Vernichtungswelle der Alliierten im süddeutschen Raum. Die fliegenden Festungen rasen pausenlos von ihren französischen — teils auch schon

Louis Haefliger

von deutschen — Starthäfen über die Schweizer Rote-Kreuz-Kolonne, tausendfachen Tod an Bord. Tod — zu einem Zeitpunkt, da alles längst entschieden, alles erst recht aus abgründig bösem Willen und Wissen heraus sinnlos, am sinn- und gewissenlosesten künstlich in die Länge gezogen wird. Die Würfel sind längst gefallen. Aber der Wahnsinnige im Bunker der Reichskanzlei will noch ein paar Tage länger leben. Er muß noch schnell heiraten...

Wie das Inferno tut sich der aufgerissene Leib des verblutenden Deutschland vor dem sonnigen Herzen des Schweizers Louis Haefliger auf. Er vibriert am ganzen Körper. Da, d a ist das Leben, wie es in Europa seit sechs Jahren w i r k l i c h gelebt — mehr gestorben — wird. D a ist es, wo er hingehört, wo er schon längst hingehört hätte. Jetzt gilt es, Versäumtes nachzuholen. Denn — alle Menschen werden Brüder. Noch vor einer Woche hat er in dem in tiefen Frieden eingesponnenen Züricher Konzertsaal unter Ansermet den unvergänglichen Schlußchor aus der „Neunten" gehört. Ja, jetzt sollen die jahrelang Gepeinigten, Gefolterten zu spüren bekommen, daß er i h r Bruder ist, immer gewesen ist, jetzt werden sie einen Helfer haben!

Da — mitten in seinen Grübeleien, während er neben dem Chauffeur seines schneeweißen Sanitätsautos sitzt, schlägt eine Bombe kaum hundert Meter neben ihnen in die verwüsteten, von ungeordnet rückflutenden deutschen Kolonnen aller Waffengattungen übersäten Felder ein. Aber — weiter geht es, oft stockt die Kolonne, verkeilt zwischen den fliehenden Kolonnen der noch vor wenigen Jahren mächtigsten Streitmacht der Erde.

Immer wieder pocht es in seinem Gehirn: Direktion Mauthausen, Direktion Mauthausen. Schon zum zwanzigsten-, dreißigstenmal zieht er die Straßenkarte aus seiner Manteltasche. Wie weit noch? 200 Kilometer? Mehr Gas! Er weiß nicht, was ihn so treibt, warum er dem Chauffeur, einem besonnenen Fahrer, ständig Vorwürfe macht, es ginge zu langsam vorwärts. Er ahnt nicht, daß höhere Mächte ihn jagen. Eile, eile — ehe es zu spät wird!

Zu spät! Das saust in seinen Ohren. Ja — es kann zu spät sein. Er weiß nicht wohl warum, er hat noch keinen Begriff davon — aber er jagt und jagt den Chauffeur —, über Pferdekadaver, zerfetzte Telegraphenleitungen, [illegible] schneller, schneller — ehe es zu spät ist.

Eine zerstörte Stadt um die andere wird passiert. Immer wieder wird die Kolonne von wichtigtuenden deutschen Kommandanten, die in ihrer Kopflosigkeit nicht mehr wissen, was sie tun und einander widersprechende Befehle geben, aufgehalten. Aber Haefliger meistert alle Hindernisse.

Da — das grauenhafteste Bild, das er seit der Grenzüberschreitung zu sehen bekommen hat: ein evakuierter Transport von KZlern. In ihrer Mitte schleppen die selbst fast völlig erschöpften, ausgehungerten Elendgestalten Sterbende mit sich, angetrieben von vertierten SS.-Wachen. Sieht er recht, der friedfertige Schweizer? Da knallen die SS.-Wachen eben wieder drei, die nicht mehr weiter können, kurzerhand nieder! Ihm ist, als wäre sein Herz stehengeblieben. Und er jagt, jagt den Chauffeur — da er eben gehört hat, dieser Transport ist mit dem Endziel M a u t h a u s e n „instradiert"...

Mit grauenhafter Gewißheit steht jetzt die wahre Situation vor ihm. Jede Sekunde, die er schneller am Ziel ist, kann zehn, hundert, tausend gerettete Menschenleben bedeuten! Sein Lebensziel war gefunden, nach langen, langen zwanzig Jahren Schwyzer Behaglichkeit und Sorglosigkeit.

Endlich, endlich: Man fährt in Mauthausen ein. Und der grandiose Haefliger-„Film" beginnt abzulaufen. Schier unglaublich, aber w a h r, wahr bis zu seinem grandiosen Ende — und in rasendem Tempo.

Haefliger ist eigentlich ein schüchterner Mensch, und heute, nach all dem, was er in diesen Apriltagen vollbracht hat, fragt er sich oft noch selber, woher er Kraft und Mut genommen hat für das Einmalige, das er damals geleistet.

Da steht er in der behaglich eingerichteten Wohnung des Mauthausener Lagerkommandanten, der, schon unruhig und zerfahren, nur mehr halb und halb auf das hört, was ihm der Delegierte des Schweizer Roten Kreuzes sagt, vorschlägt, raten will.

„Gehen Sie ins Lager — sehen Sie sich selber an, was zu tun ist — ich habe keine Zeit für diese Dinge", sagt ihm Ziereis, der Berüchtigte. Und gibt ihm eine Ordonnanz mit.

Aber Ziereis weiß sehr gut, „was zu tun ist". Er weiß, daß es fünf Minuten nach zwölf ist — und daß es höchste Zeit ist, sich zu sputen. [illegible] Möglichkeiten waren ja wirklich „von vornherein einkalkuliert". Der Großteil der Mauthausener KZler arbeitet im benachbarten Flugzeugwerk Gusen. Dort sind schon ein paar Tage vorher 24 Tonnen Dynamit in Stollen unterhalb des Werkes gelagert worden. In letzter Minute wird man die 60.000 ins Werk treiben und dann das Ganze „hochgehen" lassen.

Doch Haefliger hat schon Kontakt mit den Häftlingen. Die Schreckensberichte von all dem unwahrscheinlich Bestialischen, das sie erdulden mußten, hämmern von allen Seiten auf ihn ein. Jetzt ist jede Minute kostbar. Der Kanonendonner der vom Westen vordringenden Alliierten wird immer stärker, kommt immer näher. Haefligers Plan ist sachlich, kurz, es gibt nur eines: mitten durch die Linien hinüber zu den Amerikanern, hier ist ohnedies schon alles in Auflösung — es m u ß gelingen. Nachdem er mit den Häftlingen alles genau besprochen hat, fährt er los. Er hat Glück, trifft schon eine halbe Stunde nach dem Start eine amerikanische Panzerspitze, macht kehrt, dirigiert sie schnurgerade nach dem Lager Mauthausen. Eben sollen die tausende Unglücklicher, die jahrelang auf diesen Tag gewartet haben, nach Gusen hinübergebracht werden — da fährt die amerikanische Panzerspitze mit Haefliger ins Lager ein. Die Häftlinge haben die SS.-Wachen überwältigt, kein Schuß konnte abgegeben werden, obwohl Munition in Hülle und Fülle vorhanden war.

Der teuflische Plan der Lagerkommandanten ist zuschanden geworden, er selber auf und davon, die armen, gequälten 60.000 sind gerettet, mit ihren abgezehrten Gliedmaßen führen sie einen erschütternden Freudentanz auf, fallen einander um den Hals, umringen Haefliger unter glühenden Dankesbezeigungen.

Aber das Werk des tapferen Schweizer Helden ist noch nicht beendet, jetzt gilt es, die Halbtoten, Halbverhungerten, halb zu Tode Gequälten aufzurichten, sie vorsichtig, unter ärztlicher Aufsicht aufzupäppeln, zu heilen — körperlich und seelisch. Haefliger gönnt sich keine Ruhe, unermüdlich arbeitet er Tag und Nacht.

Es ist ein Heldenlied, das Lied vom Schweizer Louis Haefliger. Und — was hier von ihm erzählt worden ist, ist nur ein kleiner, schwacher Abglanz dessen, was er geleistet hat.

Die 60.000 Mauthausener aber haben sich seinen Namen für ihr ganzes Leben tief ins Herz geschrieben. Sie werden ihn, solange ihr Herz schlägt, nie und nimmer vergessen können.

Zehn Monate nach seiner großen Tat widmete die »Wiener Wochenausgabe« dem Schweizer Bankbeamten Louis Haefliger einen anerkennenden Artikel.

Im April und Mai 1946 war Louis Haefliger als Zeuge zum Mauthausener Kriegsverbrecherprozeß nach Dachau geladen.

Louis Haefliger bei der Eidesleistung in Dachau.

REPUBLIK ÖSTERREICH
DER BUNDESMINISTER FÜR JUSTIZ

Wien, am 20. Jänner 1950.

Au Comité Nobel du Parlement Norvégien,

Drammensvei 19

OSLO

Norwegen

Ich erlaube mir hiemit, dem geehrten Comité im Sinne der Bestimmungen über die Verteilung des Nobelpreises Herrn Louis H ä f l i g e r, Wien, III., Hetzgasse 34/7, für die Verleihung des Friedens-Nobelpreises vorzuschlagen.

Herr Louis Häfliger hat gegen Ende des letzten Krieges als Abgeordneter der Internationalen Organisation vom Roten Kreuz in Genf durch hervorragenden Einsatz seiner Person das Leben von zehntausenden Menschen gerettet. Seine Handlungsweise hat ausserdem bereits vor dem Waffenstillstand dazu geführt, dass ein beträchtliches Gebiet der jetzigen Republik Österreich von Kriegshandlungen verschont wurde.

Mit den hervorragenden Leistungen Herrn Louis Häfligers hat sich nicht nur die österreichische Presse, sondern auch die des Auslandes in zahlreichen Artikeln beschäftigt, der kürzlich verstorbene bekannte Schriftsteller Friedrich von Gagern hat sie in dem Buch "Retter von Mauthausen" geschildert.

Dieses Buch erliegt bereits beim Comité für die Verleihung des Nobelpreises, da Herr Häfliger bereits im Vorjahr für den Friedens-Nobelpreis vorgeschlagen wurde, mangels Einhaltung der Frist und einer vorschlagsberechtigten Person aber nicht berücksichtigt werden konnte.

Die Verleihung des Friedens-Nobelpreises an Herrn Louis Häfliger würde nicht nur von den durch sein Eintreten geretteten Personen, sondern von weiten Kreisen der Öffentlichkeit des In- und Auslandes als gerechte Würdigung der Verdienste dieses Mannes angesehen werden.

Mit dem Ausdruck der

vorzüglichsten Hochachtung

Tschadek

Im Januar 1950 schlug der österreichische Justizminister Otto Tschadek Haefliger für den Friedensnobelpreis vor.

deln. Diesem braven und mutigen Schweizer Delegierten gilt mein Dank und die Versicherung, daß das Andenken seines der Menschheit und der Menschlichkeit geleisteten Dienstes bei uns in Rußland immer in hohen Ehren gehalten werden wird.« Etwas maliziös fügte er bei: »Aber noch bevor Sie nach Genf zurückkehren, werden Sie nicht mehr Delegierter des IKRK sein. Das Sowjetische Rote Kreuz wird sich erst dann dem IKRK in Genf anschließen, wenn eigenmächtige Handlungen, wie Sie sie als Delegierter in Mauthausen am 5. Mai durchgeführt haben, anerkannt werden, auch wenn sie über alle Erwartungen des IKRK hinausgehen.«
Wie Haefliger sich erinnert, war er nach den Äußerungen Malinowskis sehr erschüttert: Er glaubte noch immer, auch im Sinne des Roten Kreuzes das Richtige getan zu haben. Auf jeden Fall kamen ihm Malinowskis Worte sofort wieder in den Sinn, als er kurze Zeit später seine Stellung beim IKRK aufgeben mußte. Hatte Malinowski also doch recht gehabt?
Von Genf aus wird die Beendigung des Arbeitsverhältnisses mit Haefliger als die normalste Sache der Welt dargelegt. Vor allem unterstreicht man, das Kriegsende in Europa habe ja eine Personalreduktion notwendig gemacht, und dabei habe man in erster Linie auf die Freiwilligen verzichtet, die sich für die Sondermission in den Lagern zur Verfügung gestellt hatten. Prof. Jean-Claude Favez sagt immerhin, das IKRK habe Haefligers Mission »im Juni 1945 brüsk beendet« *(» ...brusquement mis fin à sa mission en juin 1945«)*. Warum »brüsk«? Hatte man seiner Handlungsweise gegenüber also doch Vorbehalte?
IKRK-Präsident Cornelio Sommaruga betont heute, im Sommer 1988, mit Nachdruck, Haefliger habe »niemals gegen die Anweisungen« des IKRK gehandelt, wobei er im Nachsatz genau die gleiche Formulierung gebraucht wie 1945 Marschall Malinowski: Haefliger sei »über alle Erwartungen des IKRK hinausgegangen«! Direkte Weisungen, die eine solche Aktion verboten hätten, hat Haefliger zweifellos nie erhalten. Man muß sich

aber fragen, wie es um die Prinzipien der Genfer Konventionen steht, die ja die »Neutralität« zum obersten Grundsatz erhoben. Bei der Revision setzte man hier den Ausdruck »Unverletzbarkeit« ein, wobei der damalige IKRK-Präsident Prof. Max Huber ausdrücklich betonte, diese Formulierung müsse »in dem Sinne verstanden werden, der im Vertrag von 1864 dem Wort ›Neutralität‹ beigelegt wurde«.

Konkret gefragt: Hat Haefliger dieses Prinzip verletzt? Es gibt kein Papier, das ihm eine solche Verletzung offiziell vorwirft. Immerhin hatte Haefliger aber eine Kriegspartei zu Hilfe gerufen und den vorrückenden amerikanischen Panzern nach Winkelried-Manier eine Schneise aufgetan, wobei ihm das Rote Kreuz im weißen Feld zustatten kam. Im Dezember 1948 schrieb IKRK-Präsident Paul Ruegger an Haefliger, er habe »mit lebhaftem Interesse« die Tätigkeit zur Kenntnis genommen, »die Sie als Delegierter des Internationalen Komitees vom Roten Kreuz in den Lagern Mauthausen und Gusen angesichts der unsäglichen Leiden Tausender von Deportierten verschiedenster Nationen entfaltet« haben. Dieses Lob war mehr als vage gehalten.

Jedenfalls erklärt man die Situation am Genfer Sitz des IKRK – im persönlichen Gespräch und wenn nicht um eine offizielle Stellungnahme ersucht wird – etwas differenzierter. Dann wird hervorgehoben, daß Haefliger ja vor seinem Einsatz gar keine Zeit gehabt hatte, das IKRK kennenzulernen. Man habe ihn höchstens mit einigen ethischen Grundbegriffen vertraut gemacht. »Ich bin sicher«, hieß es wörtlich, »daß ein Delegierter, der vorher Kurse absolviert hätte und erfüllt gewesen wäre von der Doktrin des IKRK, diese Spontaneität der Tat nicht gehabt hätte.« Mit anderen Worten: Ein in der Wolle gewaschener Delegierter hätte nicht so gehandelt wie Louis Haefliger, also die Doktrin höhergehalten als 60000 Menschenleben! Mit dieser Interpretation kommt man der Sache schon etwas näher.

Sicher ist, daß Haefliger bei dieser ganzen Aktion auch finanziell draufgezahlt hat. Der damalige Direktor der

Abteilung »Delegationen« hatte von ihm genaue Aufstellungen und Belege seiner Ausgaben verlangt, ebenso Beweise dafür, daß Haefliger ein Radio- und ein Fotoapparat sowie Kleider abhanden gekommen waren. Bei den außerordentlichen Verhältnissen waren solche Belege aber kaum zu beschaffen. Das Schreiben des Deutschen Komitees der ehemaligen KZ-Insassen von Mauthausen vom 19. Juni 1945, unterzeichnet von Dr. Carl Helfrich, war für die Genfer Bürokraten offenbar nicht Beweis genug, obwohl es darin wörtlich hieß: »Am 5.5.1945 wurde von einer gewissen Masse von undisziplinierten Häftlingen Teile des K.L. Mauthausen, darunter besonders Unterbringungsräume für Effekten und die Räume des Delegierten des Internationalen Roten Kreuzes, geplündert. Bei dieser Gelegenheit fiel auch das Eigentum von Herrn Louis Häfliger, des Delegierten des Internationalen Roten Kreuzes, soweit es in Mauthausen während seiner segensreichen Tätigkeit zur Hand war, der Vernichtung anheim.« Haefliger wurde also nichts zurückerstattet, obwohl das IKRK seine Delegierten gegen solche Schäden versichert hatte. In Genf gibt man heute allerdings zu, wenn auch nur inoffiziell: »Es herrschte in unserer Zentrale bei gewissen Leuten ein Funktionärsgeist, der im Feld draußen nicht verstanden wurde, und so kam es beidseits zu Versteifungen und zu Zwistigkeiten.« Daß Haefliger sich in solchen Situationen nicht unbedingt von der umgänglichsten Seite zeigte, liegt auf der Hand. Man warf ihm auch Kleinigkeiten vor: Er habe nach seiner Missionszeit andere Delegationen in Österreich und Deutschland aufgesucht. Später wurde Haefliger einmal von einem schweizerischen Grenzwächter darauf aufmerksam gemacht, er sei im Polizeiregister ausgeschrieben. Man warf ihm vor, den IKRK-Paß unrechtmäßig verwendet zu haben, obwohl Haefliger mit unterschriebener Quittung aus Genf beweisen konnte, diesen Paß bei Beendigung der Mission abgegeben zu haben.

Was war hier also im Gange? Vermutlich spielten zwei grundverschiedene Elemente eine Rolle: einerseits sicher

die Mißhelligkeiten zwischen einem eigenwilligen Delegierten und seinen Funktionären, andererseits aber auch das nicht eingestandene Unbehagen der Zentrale über eine im wahrsten Sinne des Wortes unkonventionelle Tat, über die man am liebsten Gras wachsen lassen wollte.
Damit die Kirche im vornehmen Dorf Genf blieb, hatte man noch eine ganz andere Version auf Lager: Haefliger habe die Amerikaner gar nicht gerufen, sie seien ohnehin in Richtung Mauthausen marschiert; Haefliger habe sich nur eingesetzt, daß sie auf ihrem Siegesmarsch nicht blindwütig auf Unschuldige schießen. Diese Auslegung würde zwar in den Rahmen der Genfer Konventionen passen, stimmte aber mit der Wirklichkeit nicht überein. Amerikaner stießen zwar in Richtung Ost vor, aber das konkrete Ziel des betreffenden Tages war nicht unbedingt das KZ Mauthausen. Haefliger hat sie sehr wohl geholt und ins Lager gelotst. Glücklicherweise noch zur rechten Zeit!
Das IKRK zeigte Haefliger die kalte Schulter. Er aber konnte mit Stolz auf die Anerkennung hinweisen, die ihm von jenen zuteil wurde, die seiner Tat weitgehend ihr Leben verdankten:

– Das Deutsche Komitee sprach am 8. Mai 1945 »dem Vertreter des Internationalen Roten Kreuzes den tiefgefühlten Dank für die bisher den Gefangenen des Hitlerismus unter Nichtachtung der eigenen Gefahr geleistete Hilfe aus«.

– Am 10. Mai 1945 dankten ihm »die österreichischen politischen Gefangenen des Konzentrationslagers Mauthausen, von amerikanischen Truppen befreit, wieder Menschen geworden« – für seine »mutige Tat«.

– Die französische Sektion des Internationalen Komitees von Mauthausen betonte am 6. Mai 1945, »die magistrale Art, mit der Sie diese Mission erfüllt

Der Gründer des Schweizer Großunternehmens Migros, Gottlieb Duttweiler (rechts im Bild), den Haefliger seit langem kannte, konnte ihm auch keine Stelle verschaffen, »... weil mir sonst gewisse Leute weglaufen«.

Als 1962 der Kremlführer Nikita Chruschtschow auf Staatsvisite in Österreich war, stattete er dem damaligen KZ Mauthausen einen Besuch ab. Die österreichische Regierung überreichte ihm ein großes Fotoalbum, und Louis Haefliger (auf dem Bild: sitzend neben Leopold Figl) setzte seine Unterschrift darein.

haben, trotz der Hindernisse, die Sie überwinden mußten, und selbst gewisser Gefahren, die sie beinhaltete, erfüllt uns mit lebhafter Bewunderung und unserer tiefen Dankbarkeit«.

– Am gleichen Tag drückte die belgische Gruppe »all unsere Dankbarkeit für das, was Sie getan haben«, aus.

– Das Schreiben der Jugoslawen ist vom 7. Mai 1945 datiert und »dankt dem Internationalen Komitee vom Roten Kreuz für seine wirksame Intervention, um im letzten Augenblick Tausende unserer Kameraden zu retten«.

– Am 25. Mai 1945 veröffentlichte die Zürcher Tageszeitung »Die Tat« einen Leserbrief, in dem es u.a. hieß: »Vor acht Tagen war es, als mir ein Kamerad zurief: Komm, komm schnell! Und als ich lief und sah, erblickte ich etwas Wunderbares, kaum Glaubhaftes: Auf dem Mast außerhalb unseres Gefängnisses Mauthausen kroch langsam die weiße Fahne hoch. Wir waren gerettet. Später erfuhren wir, daß wir die Rettung einem Schweizer, Herrn Louis Haefliger, zu verdanken hatten.« Der Leserbrief war vom ungarischen Häftling Nr. 66269 unterzeichnet: Balint Imre.

– Am 18. Juni 1945 schloß sich auch der Pole Josef Wegner dem Reigen der Dankenden an: »Ich kann es über mein Herz nicht bringen, wenn ich folgendes nicht mitteilen sollte. Etliche Tage vor dem Eintreffen der Amerikanischen Armee stand vor den Toren des K.Z. Lagers Mauthausen ein weißes Auto mit dem Abzeichen des roten Kreuzes ... Gerade die letzten Tage waren für uns Häftlinge die gefahrvollsten, da tausende aus dem Krankenlager vergast wurden, und in der letzten Stunde sollte auch der Rest der Häftlinge in die Luft gesprengt werden. Diese Mitteilung wurde durch einen SS-Mann dem Lenker des weißen

Republik Österreich
DER BUNDESKANZLER

Wien, 1978-03- 15

Sehr geehrter Herr Vizepräsident !

Für die freundliche Übermittlung der Dokumentation, mit der die Befreiung des NS-Konzentrationslagers Mauthausen durch vom Rot-Kreuz-Offizier Louis HAEFLINGER geholte US-Panzer dem historischen Ablauf der damaligen Ereignisse entsprechend nachgewiesen wird, möchte ich Ihnen schon deswegen aufrichtig danken, weil man der geschichtswidrigen Darstellung von Tatsachen nie früh genug entgegentreten kann.

Mit besten Grüßen

An die
ÖSTERREICHISCHE WIDERSTANDSBEWEGUNG
z.Hd. Herrn Vizepräsidenten
Kommerzialrat Bruno CZERMAK

Reischachstraße 3/8a
1010 Wien

Als die österreichische Widerstandsbewegung eine Dokumentation publizierte, in der die Tat Haefligers gewürdigt wurde, dankte Bundeskanzler Bruno Kreisky für den Nachweis des »historischen Ablaufs der damaligen Ereignisse«.

> Autos mit dem roten Kreuz-Zeichen mitgeteilt, und dieser begab sich sofort zu den Amerikanern und holte die Panzerspitzen der amerikanischen Armee ... Der Besitzer des weißen Autos war, wie ich gehört habe, Ihr Delegierter Louis Haefliger, welchem wir Häftlinge für unsere Rettung zu danken haben. Seinen aufopfernden Dienst werde ich in meiner Heimat Polen allen Behörden mitteilen. Meine Aussage gebe ich dem IKRK an Eidesstatt zur Kenntnis.«

So wertvoll diese Schreiben für Haefliger waren – ein anerkennendes Wort vom IKRK, in dessen Auftrag Haefliger schließlich nach Mauthausen gefahren war, hätte ihm ebenfalls viel bedeutet. Statt dessen wurde in der Schweiz – von wem auch immer – die Parole ausgegeben: Hände weg von Haefliger! Die Bank, in der er vorher gearbeitet hatte, annullierte den gewährten Urlaub rückwirkend. Das Arbeitsverhältnis wurde aufgelöst. Haefligers Frau ließ ihrem Mann durch den Sohn mitteilen, sie wolle sich scheiden lassen. Laut Aussage Louis Haefligers gab sie als einen der Gründe an, einen Bankbeamten, nicht aber einen Abenteurer geheiratet zu haben.

In jener Zeit half das Internationale Komitee vom Roten Kreuz – so jedenfalls ein Vorwurf Prof. Robert M.W. Kempners – einer ganzen Anzahl von Kriegsverbrechern, in den Nahen Osten oder nach Südamerika zu entkommen. Dem hält man in Genf mit Recht entgegen, es habe sich um Reisedokumente gehandelt, die, auf Vertrauensbasis und gestützt auf ein Papier, das nicht unbedingt offiziell sein mußte, nur dann erteilt wurden, wenn sowohl das Ausreise- wie auch das Einreiseland zugestimmt hatten. »Wir wußten natürlich immer«, gibt man in Genf zu, »daß einige Spitzbuben dies mißbrauchen könnten. Aber in Tausenden und Abertausenden von Fällen helfen zu können war so wichtig, daß man auch in Kauf nehmen mußte, einige Gauner durchrutschen zu lassen.

Gegen diese Argumentation läßt sich wenig einwenden,

auch wenn die Ausstellung von Reisepapieren an Kriegsverbrecher schwer mit Henry Dunants Idealen zu vereinbaren ist – vermutlich schwerer als die unkonventionelle Tat Haefligers, die Tausende von Menschenleben gerettet hat.

Cornelio Sommaruga

»Haefliger ist über alle Erwartungen des IKRK hinausgegangen.«

Cornelio Sommaruga
Präsident des Internationalen Komitees vom Roten Kreuz

1932 in Rom geboren als Sohn von Schweizer Eltern, Bürger des Kantons Tessin. Nach Studien in Zürich, Paris und Rom begann seine berufliche Tätigkeit im Bankenbereich in Zürich. 1960 trat er in den Bundesdienst ein und bekleidete verschiedene diplomatische Posten. 1973–1975 stellvertretender Generalsekretär der EFTA, dann Direktionsmitglied des Bundesamtes für Außenwirtschaft, ab 1980 Delegierter des Bundesrates für Handelsverträge und 1984–1986 Staatssekretär für Außenwirtschaft. Seit November 1986 ist Sommaruga Mitglied des Internationalen Komitees vom Roten Kreuz und seit dem 7. Mai 1987 dessen Präsident.

Vor kurzem war ich in einem Konfliktgebiet, und der Regierungschef sagte mir: »Wenn Sie den Menschen hier helfen wollen, dann schicken Sie doch Konvois mit Hilfsgütern hierher. Unsere Armee wird diese Konvois eskortieren.« Das mußte ich ablehnen, denn es war der Versuch einer Konfliktpartei, die Kontrolle auszuüben. Im »Fall Haefliger« aber hatten wir es mit einem Delegierten des IKRK zu tun, der den Augenblick nutzte, um eine Katastrophe zu vermeiden. Auf diese Weise hat er 50–60000 Menschen das Leben gerettet.

Die Haltung des Internationalen Komitees vom Roten Kreuz zur Tat, die Louis Haefliger im Mai 1945 in Mauthausen vollbracht hat, habe ich schon verschiedentlich in Briefen dargelegt. Sie läßt sich wie folgt umschreiben:

Was Louis Haefliger in Mauthausen geleistet hat, gehört mit zu den besonderen Gesten in der Geschichte des humanitären Wirkens. Zutiefst betroffen vom Anblick Tausender unglücklicher, von unbeschreiblichen Haftbedingungen erschöpfter menschlicher Wesen im Angesicht des sicheren Todes, setzte Haefliger seine ganze Vorstellungskraft, seine Intelligenz und seinen Mut ein, um unter Wagnis seines eigenen Lebens einem spektakulären Rettungsplan zum Gelingen zu verhelfen. Ich freue mich, daß jene, die diesem großmütigen Einsatz ihr Leben verdanken, ihm ein ehrendes Andenken bewahrt haben. Wichtig ist zu wissen, daß Haefliger nicht gegen erhaltene Anweisungen gehandelt hat. Ganz im Gegenteil. Es ist bekannt, daß das IKRK bei den Gesprächen zwischen Carl Jacob Burckhardt, Präsident des IKRK, und Obergruppenführer Ernst Kaltenbrunner am 12. März 1945 hauptsächlich zwei Ziele verfolgte: Einerseits wollte es den ausgehungerten Häftlingen in den Konzentrationslagern umgehend die dringend benötigten Lebensmittel bringen, andererseits ging es ihm darum, dort Delegierte zu stationieren, die in der Lage wären, die Häftlinge zu schützen, wenn die SS versuchen sollte, einen letzten wahnwitzigen Versuch totaler Vernichtung zu unternehmen. Da ihm diese Genehmigung erteilt worden war, suchte das IKRK Freiwillige für diese Aufgabe. Haefliger war einer der ersten, die sich dafür meldeten. Bei der Ausführung seiner außerordentlichen Tat war Haefliger nur von einer Idee besessen: Zehntausende vor einer teuflisch geplanten Katastrophe zu retten. Durch sein kühnes Unterfangen ist er über alle Erwartungen des IKRK hinausgegangen, doch – und das sei betont – niemals gegen die Anweisungen desselben.

Das IKRK weiß es zu schätzen, daß es Leute gibt, die noch mehr als vierzig Jahre später der Meinung sind, Haefligers heldenhafte Tat dürfte nicht vergessen werden. Dies um so mehr, als es sich dabei um einen Mann handelt, der im Augenblick größter Not aus dem Schatten trat, um sich sofort wieder zurückzuziehen, nachdem er seine edle Aufgabe vollbracht hatte.

»Hosianna« und »Crucifige«

Louis Haefliger war aus der Bahn geworfen. Vor wenigen Monaten noch ein geschätzter Bankbeamter, wurde er plötzlich links liegengelassen. Als er drei Jahre zuvor, im April 1942, von der Kreisgruppe 11 des Stadtzürcher »Landesrings der Unabhängigen« als Kandidat für das Amt eines Bezirksrichters vorgeschlagen worden war, hatte man ihm noch die allerbesten Zeugnisse ausgestellt:

– Der Oerlikoner Amtsvormund Wullschleger empfahl ihn, weil er ihn von einem konkreten Fall her kenne, »bei dem nicht nur die praktischen Erfahrungen und guten Umgangsformen Herrn Häfligers, sondern auch dessen Beherrschung der juristischen Seite der Angelegenheit« zum guten Ergebnis geführt hätten.
– Selbst der schweizerische Bundesrichter Dr. Hablützel hatte die Nomination Haefligers »bestens gutgeheißen, umso mehr als sich der Kandidat früher schon in juristischen Angelegenheiten praktisch bestens ausgewiesen hat«.

Jetzt aber, im Frühsommer 1945, wurde Haefliger zum Abenteurer gestempelt. »Wo ich hinkam, war ich unbeliebt«, erinnert er sich. Sogar der Gründer der erfolgreichen Genossenschaft Migros, Gottlieb Duttweiler, der auch den »Landesring der Unabhängigen« als politische Bewegung ins Leben gerufen und geführt hatte, ging auf Distanz. Er traf mehrmals mit Haefliger zusam-

Im Mai 1980 wurde Louis Haefliger (Mitte) auf Veranlassung des früheren Mauthausener KZ-Häftlings Jeschajahu Kalfus (links) nach Israel eingeladen.

Josef Navo (rechts im Bild), Bürgermeister der israelischen Stadt Herzlia, heißt den Retter von Mauthausen willkommen.

Gideon Hausner, der ehemalige Generalstaatsanwalt im Eichmann-Prozeß, überreicht Louis Haefliger eine Ehrenurkunde.

men, auch als sich dieser bereits in Wien niedergelassen hatte, doch konnte er dessen Wunsch nach einem Posten bei der Migros nicht entsprechen, »weil mir sonst gewisse Leute weglaufen«.

Haefliger mußte also emigrieren. Wohin? Natürlich nach Österreich, mit dem er sich seit jenen schicksalshaften Tagen innigst verbunden fühlte. Wenn schon Österreich, dann kam für Haefliger nur die Weltstadt Wien in Frage. Dorthin reiste er denn am 6. Dezember 1945. Dies war die Zeit, da Wien von den vier alliierten Mächten besetzt war – und trotzdem, wie der Kabarettist Heinz Conrads im Wiener »Simpl« behauptete, bereits wieder über eine Kriegsmarine verfügte. Den Zweiflern riet Conrads: »Gehn'S nur raus auf d'Straßn, da werden'S es sehn, die vier Zerstörer!« Das war die Zeit, da auf dem Wiener Naschmarkt nicht nur genascht, sondern vor allem Schwarzhandel betrieben wurde. »Der Schleich« gehörte zur Beschäftigung der Mehrheit der Wiener.

In diese Kategorie wurde Haefliger denn vor allem von der schweizerischen Gesandtschaft sofort eingestuft: »Halten Sie sich von ihm fern«, sagte ein Gesandtschaftsbeamter zu Journalisten, die sich nach Haefliger erkundigten, »denn er betreibt Schwarzhandel.« Abgesehen davon, daß es schwer gewesen wäre, sich von allen Schwarzhändlern fernzuhalten, hatte der betreffende Funktionär seinerseits sofort eine Adresse zur Hand, als es galt, für drei schweizerische Kinderheime in Niederösterreich »im Schleich« Kartoffeln zu beschaffen. Am 30. April 1945 wurden die von ihm besorgten fünf Tonnen von Zwettl im Waldviertel nach Wien gebracht – mit einem Lastwagen, der im Zeichen des Roten Kreuzes fuhr.

Fast ein Jahr nach den dramatischen Ereignissen von Mauthausen, nämlich vom 25. März bis zum 15. Mai 1946, weilte Haefliger an einem Ort, der ebenfalls mit dem Namen eines berüchtigten Konzentrationslagers verbunden ist: Dachau. Dorthin hatten ihn die Amerikaner als Zeugen im sogenannten »Mauthausener Gericht für Kriegsverbrechen« eingeladen. Bei diesem Prozeß sagte August Eigruber, der ehemalige NS-Gauleiter von Oberdonau: »Wenn ich gewußt hätte, was hinter diesem biederen Schweizer steckt, hätte ich ihn am ersten Tag aufgehängt.« Der amerikanische Oberstleutnant William D. Denson bescheinigte Haefliger zum Abschluß des Gerichtsverfahrens: »Seine Zeugenaussagen und seine durch Aufbringung von Material für das Gericht erbrachte Leistung waren für die Weiterführung des Prozesses sehr wichtig und wertvoll. Das Gericht ist zu dem Ergebnis gekommen, daß Herr Haefliger durch den Einsatz seines eigenen Lebens sich ungewöhnliche Verdienste um die Befreiung der Insassen des Konzentrationslagers Mauthausen erworben hat, welche Befreiung am 5. Mai 1945 erfolgte.«

In Wien hatte Haefliger anfangs Mühe, sich durchzusetzen. Er arbeitete als Kurier von Schweizer Firmen, die ihre Briefe unter Umgehung der damals amtierenden alliierten Zensur in die Donaumetropole schicken wollten. Eine billige Schweizer Uhr als Geschenk an den Taxichauffeur ermöglichte ihm jeweils, einen Tag lang durch die Stadt zu fahren und die Briefe zu verteilen. »Es war nicht rosig, aber ich konnte davon leben«, erinnert sich Haefliger.

Bald aber fand er aktive Unterstützung durch den damaligen Wiener Bürgermeister Theodor Körner, der ihm auch zum Handelsgewerbeschein verhalf. In der Folge verlegte sich Haefliger auf Import- und Exportgeschäfte. So jedenfalls lautete die offizielle Bezeichnung, doch lag das Schwergewicht selbstverständlich bei der Einfuhr, denn es fehlte in Wien ja an allem. Auch der Bürgermeister brauchte dies und jenes, und Haefliger verschaffte ihm das Gewünschte, womit beiden gedient war.

Schon nach wenigen Wochen traf das wertvolle Gut dank der Intervention eines Wiener Freundes von Haefliger, der im amerikanischen Handelsministerium in Washington angestellt war, in Wien ein.

In gleicher Weise zeigte er sich der »National Registrier-

kassen AG« gegenüber behilflich, so daß er dort eine Anstellung fand und bald zum Seniorchef der NCR in Wien avancierte.
Allmählich setzte sich Haefliger also beruflich wieder durch, wobei ihn Nadja, seine zweite Frau, tatkräftig unterstützte, bis sie 1986 schwer erkrankte. Nun war es Louis Haefliger, der seine Frau, eine gelernte Krankenschwester, aufopfernd pflegte, bis sie am 24. Juli 1987 ihrer Krankheit erlag.
Die Heldentat von Mauthausen aber hing Louis Haefliger immer noch an – bald wie ein Glorienschein, bald wie ein Mühlstein. Als er im Sommer 1945 zum letzten Mal beim IKRK in Genf vorsprach, meldeten sich die Leute der kommunistischen schweizerischen »Partei der Arbeit«, um seine Tat in ihrer Presse hochzujubeln und Haefliger gegen das Internationale Komitee vom Roten Kreuz auszuspielen. Dieser verwahrte sich gegen solche politischen Machenschaften und wurde auch in Wien von den Kommunisten geschnitten.
Ein konkreter Beweis möge als Illustration genügen: Im Jahre 1977 publizierte die »Österreichische Widerstandsbewegung« eine Broschüre, in der die Tat Haefligers gewürdigt wurde. Daraufhin schrieb Hofrat Dr. Heinrich Dürmayer, der frühere kommunistische Chef der österreichischen Staatspolizei, am 17. Januar 1978 als Generalsekretär des »Comité International de Mauthausen« einen Brief an die Widerstandsbewegung. Diese, so behauptete er, verbreite »Märchen, um nicht den treffenderen Ausdruck ›plumpe Fälschungen‹ zu gebrauchen ... Es ist befremdend und bedauerlich, daß die ›Österreichische Widerstandsbewegung‹ – diese Organisation will doch als seriös gelten – ein derartiges Machwerk unüberprüft und ohne mit österreichischen Mauthausnern Fühlung zu nehmen veröffentlicht hat.«
Die »Österreichische Widerstandsbewegung« antwortete am 24. Februar 1978 unmißverständlich: »Ihr Schreiben vom 17. 1. ds. J. weisen wir der Form und des Inhalts wegen zurück. Die darin enthaltenen Beleidigungen und Entstellungen ändern nichts daran, daß Ihr

Brief sachlich unwahr ist. Sie scheinen vergessen zu haben, daß Dr. Dürmayer als ehemaliger Leiter der Staatspolizei selbst die Befreiung Mauthausens durch die vom Rot-Kreuz-Offizier Luis HAEFLINGER geholten US-Panzer in Zeitungsartikeln bestätigt hat.«
Tatsächlich hatte das »Salzburger Tagblatt« (Organ der Kommunistischen Partei Österreichs, Land Salzburg) am 6. Februar 1946 einen Artikel über »Die letzten Tage von Mauthausen« veröffentlicht, der zwei Tage später, am 8. Februar, in der gleichen Zeitung durch einen Artikel ergänzt wurde. Hier schrieb Dürmayer wörtlich: »Eines Tages tauchte nun Herr Haeflinger [ein Austriazismus] vom Internationalen Roten Kreuz auf, und wir erfuhren von ihm, daß er den Rücktransport der Lagerinsassen überwachen wollte. Dieser tapfere Schweizer erschien nun unerwartet mit einigen von ihm herbeigeholten amerikanischen Panzerspähwagen, worauf wir impulsiv die weiße Fahne hochzogen und im Nu die Wachmannschaft ohne Schuß überrumpelt hatten ... Die Lage war jedoch noch weiterhin ziemlich kritisch, denn jenseits der Donau lagen zwei SS-Divisionen unter Führung eines Generals, der in Unkenntnis der taktischen Lage nachts Übersetzversuche unternahm, die wir durch geschickte Feuerstöße verhindern konnten. Nach zwei Tagen kamen dann endlich die amerikanischen Infanteriespitzen, und die Zwingburg Mauthausen war damit gefallen.«
Die Laschheit, die Louis Haefliger zu einem Luis Haeflinger werden ließ, steht in bemerkenswertem Gegensatz zur Intensität der politisch motivierten Kampagne, der Haefliger seit dem Kriegsende ausgesetzt war. Mit Recht konnte also Kommerzialrat Bruno Czermak als Präsident der »Österreichischen Widerstandsbewegung« am 4. Mai 1988 Papst Johannes Paul II. anläßlich dessen bevorstehenden Besuches in Mauthausen schreiben: »Als Folge einer kommunistischen Manipulation wurde Louis Haefliger sowohl im Mauthausen-Museum als auch in dem vom österreichischen Bundesministerium für Unterricht gemeinsam mit dem Dokumen-

tationsarchiv des österreichischen Widerstandes hergestellten Film über das Konzentrationslager Mauthausen mit keinem Wort erwähnt ...«
Inzwischen ist allerdings im Mauthausen-Museum ein Foto von »Louis Haeflinger« angebracht, dies mit einem Hinweis auf den »Rettungsversuch« des Internationalen Roten Kreuzes. Auf einem Foto vom 16. Mai 1945 aber, auf dem der sowjetische Oberst Piropow dem neben ihm stehenden Retter Louis Haefliger dankt, ist Louis Haefliger kurz darnach schlicht und einfach wegretuschiert worden.
Louis Haefliger hat anderseits aber auch viele Ehrungen entgegennehmen können. Besonders gefreut hat ihn natürlich eine Einladung nach Israel. In der israelischen Zeitung »Maariv« vom 1. November 1979 war eine kleine Notiz zu lesen:

1. Als ehemaliger Häftling des Konzentrationslagers Mauthausen-Gusen wende ich mich an die Regierung Israels und den »Yad Washem« mit der Bitte, Herrn Louis Haefliger, der sein Leben aufs Spiel setzte, um 60000 Menschen zu retten, nach Israel einzuladen. Ich bin bereit, ihn während seines Besuches in Israel bei mir im Haus aufzunehmen.
   Jeschajahu Kalfus, Herzlia
2. Ich hoffe, daß sich die richtige Institution finden läßt, um diesem wunderbaren Menschen den Besuch in Israel zu ermöglichen. Ich bin bereit, ihn während seines Aufenthaltes in Israel bei mir aufzunehmen und ihm den Süden Israels zu zeigen.
   Rochama Neuman, Berr-Sheva

Der Besuch kam dann im April 1980 zustande. Josef Navo, der Bürgermeister der Stadt Herzlia, überreichte Haefliger die Ehrennadel der Stadt und ehrte ihn durch die Übergabe der Friedensmedaille. »Mir ist, als ob mein eigener Vater angekommen wäre«, sagte Jeschajahu Kalfus der Journalistin Inge Deutschkron von »Maariv«; Louis Haefliger antwortete gerührt und mit

Tränen in den Augen: »Ein Traum, der verwirklicht wurde ...« Gideon Hausner, der Generalstaatsanwalt im Eichmann-Prozeß des Jahres 1961, würdigte Haefligers Leistung mit der Überreichung eines Diploms.
Bereits 1950 schlug die österreichische Regierung Louis Haefliger für den Friedensnobelpreis vor. In seinem vom 20. Januar 1950 datierten Schreiben an das Nobelpreiskomitee des norwegischen Parlamentes führte der österreichische Justizminister Otto Tschadek aus: »Herr Louis Haefliger hat gegen Ende des letzten Krieges als Abgeordneter der Internationalen Organisation vom Roten Kreuz in Genf durch hervorragenden Einsatz seiner Person das Leben von Zehntausenden Menschen gerettet. Seine Handlungsweise hat außerdem bereits vor dem Waffenstillstand dazu geführt, daß ein beträchtliches Gebiet der jetzigen Republik Österreich von Kriegshandlungen verschont wurde ... Die Verleihung des Friedensnobelpreises an Herrn Louis Haefliger würde nicht nur von den durch sein Eintreten geretteten Personen, sondern von weiten Kreisen der Öffentlichkeit des In- und Auslandes als gerechte Würdigung der Verdienste dieses Mannes angesehen werden.« Aber auch in diesem Zusammenhang spielten offenbar Neid und Mißgunst mit. Wie sonst wäre die am 12. März 1950 – zwei Monate nach Abzug von Minister Tschadeks Brief – in der amtlichen »Wiener Zeitung« erschienene Mitteilung zu erklären? Dort hieß es nämlich: »Amtlich wird bekanntgegeben: Die ›Wiener Illustrierte‹ teilte in ihrer Nummer vom 11. März 1950 mit, daß die österreichische Bundesregierung den in Wien wohnhaften Schweizer Journalisten Louis Häflinger für den Friedensnobelpreis vorgeschlagen habe. Hiezu stellt das Bundeskanzleramt fest, daß diese Meldung unrichtig ist. Ein Vorschlag der Bundesregierung auf Verleihung des Friedensnobelpreises an Häflinger ist nicht erfolgt.« Natürlich nicht an einen Journalisten Häflinger, sondern an den Retter von Mauthausen, Louis Haefliger!
Nun ist die »Österreichische Widerstandsbewegung« mit dem Vorschlag an die Bundesregierung herangetre-

ten, den Retter des KZ Mauthausen im Gedenkjahr 1988 erneut für den Friedensnobelpreis vorzuschlagen. Unter dem Titel »Der verhinderte Friedens-Nobel-Preisträger« heißt es in der offiziellen Begründung: »Haefligers Tat rettete Zehntausenden das Leben, denn das Konzentrationslager war zur Sprengung vorgesehen. In einer begeisterten schriftlichen Erklärung drückte der Häftlingsausschuß Haefliger für seine Tat den Dank aus.«

Einer der Unterzeichner dieser Erklärung war Hans Marsálek, der heute behauptet: »Es war nicht seine Leistung.« Die Broschüre der genannten Widerstandsbewegung listet die Gründe für diesen Sinneswandel auf: »Infolge seiner christlich-demokratischen Einstellung war Haefliger nicht bereit, sich zu einer ihm nicht genehmen politischen Richtung zu bekennen. Infolgedessen wurde er gleichsam über Nacht zur Unperson gemacht ... Es wäre für die Welt vollkommen unverständlich, würde die Republik Österreich im fünfzigsten Jahr nach den Ereignissen von 1938 dem seit Jahrzehnten in Wien lebenden, vierundachtzigjährigen Louis Haefliger nicht zu seinem Recht verhelfen, entsprechend seinen historischen Handlungen genannt und gewürdigt zu werden.«

Louis Haefliger erhielt 1956 die österreichische Staatsbürgerschaft, und am 26. April 1977 überreichte ihm Bundespräsident Rudolf Kirchschläger das Ehrenzeichen für Verdienste um die Befreiung Österreichs.

Louis Haefliger ist ein guter Österreicher und zugleich ein guter Schweizer. »Wenn es um den Sport geht, bin ich noch immer mehr Schweizer«, sagt Haefliger, von dem die »Oberösterreichischen Nachrichten« kürzlich schrieben: »Heute wohnt er in einer Gemeindewohnung in Wien-Meidling, wo er noch immer als Ausländer gilt und mitunter schief angeschaut wird. Sein ganzes Denken ist auf die kritischen Tage im Mai 1945 gerichtet. Habe ich damals richtig gehandelt? Wenn ja, warum behandelt man mich so?«

»Zum Feiern besteht rundherum nicht der geringste Grund«

Louis Haefliger war einer der wenigen Menschen, die freiwillig das Leben in einem Konzentrationslager auf sich genommen haben. Zwar war dies nur für kurze Zeit, aber als Haefliger zusagte, wußte er nicht, für wie lange er sich verpflichtete. Haefliger war somit auch einer der ganz wenigen, die das traurige Schicksal der Häftlinge, die Schikanen und Torturen, die menschliche Erniedrigung und die Leiden und schließlich die an ihnen begangenen Morde als – wenigstens formell – neutraler Beobachter miterlebt hat. Er weiß also, wovon er spricht, wenn er das Erlebte schildert.

Gewisse Leute aber tun diese Schilderung leichtfertig ab –, so wie man diejenigen bewußt überhört hat, die rechtzeitig vor all dem, was durch den Nationalsozialismus über Europa hereinbrechen würde, warnten. Einer von diesen war der spätere Bundeskanzler Leopold Figl. Noch am 6. März 1938, am letzten Sonntag vor dem deutschen Einmarsch in Österreich, rief er in Loosdorf die jungen Bauern zum Widerstand auf – dies mit den Worten: »Den Nationalsozialisten geht es nicht um eure blauen Augen und eure blonden Haare. Es geht ihnen um unsere Wälder, denn sie brauchen Holz, es geht ihnen um unser Gold und um unsere Devisenschätze. Wenn ihr dem Nationalsozialismus huldigt, dann seid ihr nächstes Jahr im Krieg. Und wer von euch noch heimkommt, das weiß ich nicht.«

Lange Zeit wurde Louis Haefliger im Mauthausen-Museum totgeschwiegen. Nun aber wird der »Rettungsversuch des Internationalen Roten Kreuzes« gewürdigt, und Haefliger kommt mit seinem Bild (links) zu Ehren.

Die verschiedenen Nationen, deren Angehörige in Mauthausen gemartert wurden oder dort gestorben sind, gedenken der Opfer an der Lagermauer.

Am 8. August 1988 jährte sich zum fünfzigsten Mal der Tag, da die ersten Häftlinge nach Mauthausen gekommen waren. Österreichische Demokraten hielten die Mahnwache, und Louis Haefliger (im Vordergrund mit dem Rücken zur Kamera) schlug mit seinen Gedanken den Bogen über ein halbes Jahrhundert.

Figl sollte leider recht bekommen. Im übernächsten Herbst brach der Zweite Weltkrieg aus. Heute aber gibt es wieder Fanatiker, die die Wahrheit verdrehen, um ihrem Irrglauben zu huldigen. So konnte man am 31. August 1979 in der »Deutschen National + Zeitung« unter der Schlagzeile »Wie Hitler den Krieg verhindern wollte« lesen: »Prestigegründe, Handelsinteressen und der unbedingte Wille, das Kräftegleichgewicht auf dem Festland, koste es, was es wolle, aufrechtzuerhalten, führten zum Ende der [britischen] Appeasement-Politik im März 1939 ... Polen ließ es bewußt auf eine militärische Auseinandersetzung ankommen, ermutigt von den Briten und den Franzosen ...« Schließlich werden auch noch die antinationalsozialistischen Widerstandskämpfer in Deutschland für den Kriegsausbruch verantwortlich gemacht. Diese hätten ihre Freunde bei den Westmächten über die innerdeutsche Lage »falsch informiert«, weshalb dann eben nicht Hitler, sondern diese Westmächte den Krieg vom Zaun brachen ...

Die systematische Fehlinterpretation, wonach das Dritte Reich völlig unschuldig in den Krieg gezerrt worden sei, will den Nationalsozialismus wieder hoffähig machen. Daß unter diesem System schon seit der Machtübernahme am 30. Januar 1933 ein unerträglicher Terror herrschte, daß schon zu Beginn des Dritten Reiches zahlreiche Konzentrationslager geschaffen wurden, die man allerdings erst nach Kriegsausbruch zu Vernichtungslagern »perfektionierte«, wird diskret übergangen. Zu dieser Schönfärberei gehört auch eine Geschichtsklitterung, die Hitler und Napoleon ohne Einschränkung im gleichen Atemzug nennt, diese auf die gleiche Ebene stellend. Sicher: Beide sind Richtung Rußland marschiert, aber unter Napoleon gab es keine Massenmordanstalten. Der Nazibazillus, den diese Verniedlichungstaktik bei einem Teil der heutigen Jugend wirksam werden läßt, kann gefährlich werden.

Zu dieser Reaktivierung tragen natürlich gewisse Leute bei, die schon in jener unmenschlichen Zeit auf der Seite des Tyrannen standen. Als im Jahre 1948 die in Wien

Am 26. April 1977 hat der damalige österreichische Bundespräsident Rudolf Kirchschläger Louis Haefliger das »Ehrenzeichen für Verdienste um die Befreiung Österreichs« überreicht. So hat er wenigstens in seiner zweiten Heimat Anerkennung gefunden.

akkreditierten Auslandsjournalisten von der Regierung einmal nach Vorarlberg eingeladen wurden, ergab sich beim Abendessen ein äußerst peinliches Gespräch. Der offizielle Sprecher eines Industrieunternehmens lobte Arthur Seyß-Inquart, von 1938 bis 1940 Reichsstatthalter der sogenannten Ostmark (= Österreich), über den grünen Klee. Ein holländischer Journalist, der in seinem Land aktiven Widerstand gegen die Nazieroberer geleistet hatte und soeben, nach einem Kuraufenthalt in der Schweiz, als Journalist nach Wien entsandt worden war, wandte in relativ höflichem Ton ein: »Aber vergessen Sie nicht, Seyß-Inquart war ab 1940 bis Kriegsende Reichskommissar der von den Deutschen besetzten Niederlande und hat in dieser Eigenschaft Tausende von Holländern verhaften und zu Tode foltern lassen.« Da wagte der Industrierepräsentant dem ausländischen Gast zu antworten: »Aber er hat sicher die richtigen erwischt ...« Seyß-Inquart war schon zwei Jahre tot, als dieses Vorarlberger Treffen stattfand. Er war am 16. Oktober 1946 hingerichtet worden, weil unter seiner Herrschaft Millionen von Holländern zur Zwangsarbeit ins Reich abtransportiert und 117000 der 140000 holländischen Juden in die Vernichtungslager in Polen deportiert worden waren. Kein Wunder also, daß im vornehmen Restaurant in Dornbirn, wo man eigentlich freundschaftlich zusammensitzen wollte, ein öffentlicher Skandal nur mit knapper Not verhindert werden konnte.

Das Internationale Komitee vom Roten Kreuz in Genf hat sich zwar gegen die Vorwürfe, es habe durch die Ausstellung von Reisedokumenten Kriegsverbrechern zur Flucht verholfen, zur Wehr gesetzt. Nationale Rotkreuzstellen haben sich aber in dieser Hinsicht schuldig gemacht. Im »Linzer Turm«, dem Mitteilungsblatt des Frontkämpferbundes der 45. Infanteriedivision, vom Februar 1968 war zu lesen:

»Eine Warnung der Österr. Ges. vom Roten Kreuz: Aus politischen Gründen wird nachfolgenden ehem. Ange-

hörigen der deutschen Wehrmacht nahegelegt, franz. Boden nicht mehr zu betreten, da sie dort mit Schwierigkeiten rechnen müssen ...« Es folgte dann eine Liste mit zehn Namen und dem Nachsatz:
»Von obigen Personen konnte das Rote Kreuz bisher weder ihre Anschriften noch ihre Existenz eruieren. Sollte aber einem unserer Kameraden eine der oben genannten Personen bekannt sein, so bitten wir um Bekanntgabe der Daten, damit wir diese dem Roten Kreuz weiterleiten können.«

Simon Wiesenthal wandte sich auf diese Veröffentlichung hin an den österreichischen Justizminister Prof. Dr. Hans Klecatsky: »Schon der erste Vergleich dieser Liste mit dem Fahndungsblatt zeigt, daß zwei von diesen Personen in Österreich wegen Mordes zur Verhaftung ausgeschrieben sind. Von den zehn genannten Personen konnten wir in unserer Kartei acht als ehemalige Angehörige der SS und des SD [Sicherheitsdienst] feststellen, deren Tätigkeit hier nur als Zugehörigkeit zur Wehrmacht bezeichnet wurde.« Ferner teilte Wiesenthal dem Minister mit, daß ein enger Mitarbeiter Adolf Eichmanns vorübergehend aus Übersee nach Europa zurückkehren wollte, jedoch von Hamburg aus über die Vorkehrungen zu seiner Verhaftung gewarnt worden sei. Und dann wörtlich: »Während meines Deutschland-Aufenthaltes wurden mir einige Personen genannt, die mir verdächtig erschienen, an dem Aufbau einer solchen [Warn-]Organisation mitgewirkt zu haben. Sie besaßen Beziehungen zum Deutschen Roten Kreuz, eine von ihnen war sogar bis zu ihrer Verhaftung im Herbst 1965 in einer leitenden Funktion des Deutschen Roten Kreuzes in Hamburg tätig.« Simon Wiesenthal hatte ähnliche Aktivitäten auch beim Österreichischen Roten Kreuz festgestellt und hielt im Brief an den Justizminister fest: »Diese Tätigkeit des Suchdienstes der Österreichischen Gesellschaft vom Roten Kreuz ist meines Erachtens eine eklatante Vorschubleistung und Begünstigung gesuchter Naziverbrecher. Vielleicht kann es auch in gewissen Fällen als eine Fluchthilfe oder Anregung zur Flucht angesehen werden. Die ganze Angelegenheit muß sich schon über Jahre hinziehen.«

Der Neonazismus wird nicht nur durch Hilfe von Ehemaligen an Ehemalige gefördert, sondern auch pseudowissenschaftlich untermauert. Im Vordergrund dieser neuen Wegbereiter stehen die beiden Franzosen Henri Roques und Pierre Guillaume. Am 15. Juni 1985 hat der pensionierte Agraringenieur Henri Roques in Nantes eine These veröffentlicht. Darin bestritt er die »Qualität« und die »Solidität« der Zeugenaussagen von SS-Obersturmführer Kurt Gerstein, die in der Literatur über die Konzentrationslager tatsächlich zu einem zentralen Belastungsbeweis geworden sind.

Natürlich ist Kurt Gerstein eine schillernde Figur: 1905 als Sohn eines Landgerichtspräsidenten in Münster (Westfalen) geboren, war er mit zwanzig Jahren aktiv in einer evangelischen Jugendgruppe tätig. 1933 trat er, immer noch als Mitglied der »Bekennenden Kirche«, der NSDAP bei, wurde aber 1936 von der Gestapo verhaftet, weil er religiöse Schriften verteilt hatte. Aus dem Staatsdienst entlassen, begann er ein Medizinstudium, wurde 1938 ein zweites Mal verhaftet und für sechs Wochen in ein Konzentrationslager gesteckt. Um seine Wiederaufnahme in die Partei zu ermöglichen, meldete er sich freiwillig bei der Waffen-SS, worauf er zum Sanitätsamt im SS-Führungshauptamt versetzt wurde, zu dem auch das Hygiene-Institut der Waffen-SS gehörte. Dort wurde Gerstein einer der Verantwortlichen für den Umgang mit desinfizierenden Giftgasen. Im August 1942 kam er als »Zyklon-B-Vorführer«, also als Blausäurespezialist, ins Vernichtungslager Belzec (Bezirk Lublin). Nachdem er wenige Wochen später nach Berlin zurückgekehrt war, versuchte er, alle möglichen Institutionen und Organisationen zu bewegen, etwas gegen die Massenvernichtung durch Giftgas zu unternehmen. Die Schweden, die holländischen Widerstandskämpfer, die britische Regierung, der päpstliche Nuntius in Berlin und auch der evangelische Bischof von Berlin-Branden-

burg, Otto Dibelius, zögerten, zweifelten oder sahen sich außerstande, etwas zu unternehmen. Als Gerstein später von den Franzosen verhaftet wurde, legte er im April 1945 ein umfassendes Geständnis ab, das detaillierten Einblick in die Mordmaschinerie der Nazis gewährte. Am 25. Juli 1945 wurde er in seiner Pariser Gefängniszelle erhängt aufgefunden.
Dieses Aussageprotokoll Gersteins wird nun also von den Revisionisten als zu wenig stichhaltig oder gar als gefälscht deklariert: Damit will man dem Nationalsozialismus seinen verbrecherischen Anstrich nehmen und ihn zu einer normalen politischen Partei hochstilisieren. Der Revisionismus macht sich auch in der Schweiz geltend. Mariette Paschoud, Geschichtsprofessorin und Französischlehrerin am städtischen Gymnasium von Lausanne, Hauptmann des Militärischen Frauendienstes, Ersatzrichterin und Redakteurin beim »Pamphlet«, einer ultrakonservativen Publikation, stellte sich im Juli 1986 anläßlich einer Pressekonferenz in Paris voll und ganz hinter Henri Roques' »These von Nantes«, die sie »seriös, ehrenwert und gemäßigt« nannte. Auf die zahlreichen empörten Reaktionen in Presse und Öffentlichkeit hin erklärte Paschoud zynisch: »... diese Woche der Verleumdungskampagne hat mehr zur Verbreitung des revisionistischen Gedankengutes beigetragen als irgendein wohldokumentierter Artikel.«
Die Behörden des Kantons Waadt nahmen sich der Sache an und kamen zum Schluß, Mariette Paschoud habe zwar den Beamtenstatus verletzt, weil sie nicht die nötige Zurückhaltung bei öffentlichen Äußerungen bekundet habe; ein Disziplinarverfahren sei aber nicht nötig, da sie lediglich »Opfer ihrer Naivität« geworden sei. Sie wurde von der Erteilung des Geschichtsunterrichts suspendiert, als Französischlehrerin jedoch bestätigt. Zahlreiche Eltern drohten darauf, ihre Kinder von der Schule zu nehmen, linke und bürgerliche Kreise forderten gemeinsam den Rücktritt von Mariette Paschoud, und auch die Schüler traten in einen eintägigen Warnstreik. Die Kantonsregierung beschloß daraufhin

im April 1987, die umstrittene Lehrerin aus dem Schuldienst zu nehmen und sie »in gegenseitigem Einvernehmen« in die Administration zu versetzen.
So weit, so gut. Die gleiche Kantonsregierung hat nun aber Mariette Paschouds Ehemann Claude, den Herausgeber des ominösen »Pamphlet«, als Rechtsberater der Rekurskommission in der kantonalen Einwohnerkontrolle engagiert. Das rief erneut heftige Reaktionen hervor: Verschiedene antirassistische Organisationen und die israelitische Gemeinde protestierten energisch. Kein Wunder: Wie leicht könnte der neue Berater Anträge auf Abweisung oder andere rechtliche Maßnahmen gegen Tamilen oder Türken, Polen oder Koreaner stellen, die sich auf die gleiche Grundlage stützen wie die vor fünfzig und mehr Jahren gegen die Zigeuner angewandten Methoden ... Im Augenblick ist in Lausanne das letzte Wort noch nicht gesprochen.
Und wenn deutsche Neonazis zusammen mit schweizerischen Gesinnungsfreunden ihr Sommerlager im Zeichen germanischer Runen und beim Gesang des Horst-Wessel-Liedes ausgerechnet zwischen Emmetten und Seelisberg, nahe der Wiege der Eidgenossenschaft, abhalten, so ist das ein deutliches Zeichen, wie virulent der politische Bazillus in der Schweiz schon ist.
Es gibt zahlreiche andere Anzeichen eines virulenten Neonazismus:

- Daß es in verschiedenen bayerischen Städten noch immer »General-Dietl-Straßen« gibt, manche davon erst vor nicht allzu langer Zeit so umbenannt, kann man notfalls der Gedankenlosigkeit gewisser Stadtväter zuschreiben. Diesen müßte man dann allerdings ein schlechtes Zeugnis ausstellen. Daß aber auch Kasernen der Bundeswehr diesen Namen tragen, stimmt nachdenklich, sollten die Soldaten der Bundesrepublik doch in echt demokratischem Geist erzogen werden. Dieser aber wird verhöhnt, wenn die Wehrmänner tagtäglich an den persönlichen Freund Hitlers erinnert werden.
- In Holland, das sich zur Hitlerzeit mutig gewehrt hat

und dessen Bürger mehrheitlich treu zu den demokratischen Idealen ihres Staates und ihrer Königin standen, haben Neonazis vor einigen Monaten die Gunst der Stunde genützt. Die Diskussion um Rainer Werner Fassbinders umstrittenes Stück »Der Müll, die Stadt und der Tod« hat eine Springflut des Antisemitismus ausgelöst. Den niederländischen Justizminister veranlaßten die Ereignisse zu einer Erklärung, in der er sich ernsthaft mit der Schaffung eines speziellen Büros zur Behandlung von antisemitischen Vorkommnissen auseinandersetzte.

- In Österreich mußten im Frühling zwei Ausgaben von »Halt«, der Zeitschrift der rechtsextremen »Volksbewegung«, beschlagnahmt werden, weil darin ein Dokument eines gewissen Emil Lachout veröffentlicht war. Dieses sollte beweisen, daß es im Konzentrationslager Mauthausen überhaupt keine Gaskammern gegeben habe. Das »Dokument« hat sich eindeutig als zielgerichtete plumpe Fälschung erwiesen, so plump, daß sogar ein Stempel »Republik Österreich – Wachbataillon Wien – Kommando« verwendet wurde, obwohl es zu jener Zeit gar kein Wachbataillon gab.
- Aber auch die Existenz gewisser offiziell zugelassener und in Parlamenten vertretener rechtsextremer Parteien stimmt nachdenklich und läßt aufhorchen. Über den Chef der »Freiheitlichen Partei Österreichs«, Jörg Haider, schrieb »Die Presse« in Wien vor einiger Zeit: »Jörg Haider ist ein konsequenter Politiker. In seinem taktischen Verhalten bestimmten deutsch-nationalen Kreisen gegenüber ganz gewiß ... Immer wieder setzt er Signale, die am äußersten bis extremen rechten Rand wohlwollend aufgenommen werden können. Werden diese aber dann einer breiteren Öffentlichkeit bekannt, dann war alles nicht so gemeint. Immer die gleiche Handlung, immer die gleiche Reaktion. Geradezu primitiv konsequent.« Aufhorchen läßt auch das Programm der »Nationalen Front« von Jean-Marie Le Pen in Frankreich. Serge

Berstein, Professor für Zeitgeschichte, zitierte einen Passus von 1933 aus »Flambeau«, dem Organ der rechtsextremen Bewegung »Croix-de-Feu«: »Die Lösung ist einfach: Sollen die ›braven Leute‹, die ›wahren Patrioten‹, die ›Nationalen‹ auf die Straße gehen, um bei einer schwachen und laxen Macht, die verkauft ist an das Ausland, die wirklichen Lösungen der nationalen Schwierigkeiten durchzusetzen, sofortige und rationelle Steuererleichterungen, Verteidigung der nationalen Wirtschaft gegen das mißbräuchliche Vorgehen der ausländischen Konkurrenz, Ausschaltung der staatlichen Einmischung in Bereiche der privaten Tätigkeit, wirksame Rechtsgarantie für die französische Arbeitskraft, Beschränkung und Anpassung der ausländischen Arbeitskraft an die strikten Produktionsbedürfnisse.« Professor Berstein hat recht, wenn er damit das politische Programm Le Pens vergleicht: Zwillingsbrüder über mehr als ein halbes Jahrhundert hinweg. Der ewige Gegensatz zwischen den echten Patrioten, die ihr Vaterland, aber auch die Menschen anderer Länder lieben, und dem Nationalisten, der sich mit seiner Nation besser fühlt als alle anderen Nationen und mit seiner Überheblichkeit eine Gefahr für den Weltfrieden darstellt.

Für Louis Haefliger kommen alle diese Erscheinungen des Neonazismus einem Albtraum gleich. Vor vielen Jahren schon machte er den Vorschlag, auf dem Areal des ehemaligen Konzentrationslagers Mauthausen ein Dorf mit Schulen für elternlose Kinder und Heranwachsende zu errichten. Dies war zur Zeit, da die Alliierten Österreich kontrollierten. Alle vier Besatzungsmächte, zum Teil auch die österreichische Regierung, waren vom Projekt angetan, für das zudem eine reiche Amerikanerin eine große Summe zur Verfügung stellen wollte. Auch dieser Vorschlag fiel aber politischen Manipulationen und den Eifersüchteleien gewisser Organisationen zum Opfer. Louis Haefliger heute: »Jetzt ist Mauthausen ein Museum, und dem ist gut so. Ich freue mich, wenn möglichst viele Leute hingehen, um die Wirklichkeit zu sehen und die Vergangenheit zu erleben, die man wirklich nicht vergessen darf. Aber ich hätte dieser Stätte einen positiven Sinn geben wollen: ein Zusammenleben junger Menschen verschiedener Nationen an einem Ort, wo man den Andersdenkenden und den Ausländer schlechthin als minderwertig behandelt hat. Ich fand dieses Projekt richtig – als Gegenkraft gegen das Wiedererwachen der 1945 militärisch, leider aber nicht unbedingt geistig besiegten Tyrannei.«

Louis Haefliger konnte seine Idee nicht verwirklichen, aber im jetzigen österreichischen Gedenkjahr an den »Anschluß« von 1938 durfte er eine Genugtuung erleben, die ihm über viele Enttäuschungen hinweghalf: Junge Menschen aus Wien haben sich mit der Tat Haefligers beschäftigt und dabei ein Verständnis an den Tag gelegt, das für die Jugend von heute Hoffnung weckt. Die Schulklassen 5B und 4C der Wiener Fichtnergasse besuchten das Konzentrationslager Mauthausen. Michael Nothnagl von der 5B schrieb nachher eine Klassenarbeit über den »Retter von Mauthausen«, die er mit den Worten schloß:

»Trotz aller Ehrungen, die der tapfere Rotkreuzbeamte von 1945 im Laufe der Jahre verliehen bekommen hat, ist er doch sehr bescheiden geblieben. ›Mauthausen ist Legende, Historie. Ich habe mich damals nicht als Held gefühlt und kann heute niemandem böse sein, wenn der Name Haefliger im Zusammenhang mit Mauthausen nicht spontan fällt. Aber genau unter diesen Auspizien sehe ich auch die beginnenden 'Gedenken' an das für Österreich unselige Jahr 1938. Wirklich: Zum Feiern besteht rundherum nicht der geringste Grund.‹ – Außer einem Kopfnicken konnte ich diesem Statement des ›Mauthausenretters‹ beim besten Willen nichts hinzufügen.«

Franz König

Nachwort

Kardinal Dr. Franz König, Wien

Geboren 1905 in Pielach (Niederösterreich), Studium der Philosophie und der Theologie an der Päpstlichen Universität Gregoriana, ebenso der altpersischen Religion und Sprachen am Bibelinstitut in Rom, sozialwissenschaftliches Studium in Lille. Kaplan in Niederösterreich. 1946 Privatdozent für Religionswissenschaft an der Universität Wien, 1948 a.o. Professor in Salzburg. 1952 durch Papst Pius XII. zum Koadjutor des St. Pöltner Bischofs mit Nachfolgerecht und 1956 als Nachfolger von Kardinal Innitzer Erzbischof von Wien, 1958 durch Papst Johannes XXIII. zum Kardinal ernannt. Mitglied der Zentralen Vorbereitungskomission zum II. Vatikanischen Konzil. 1961 als erster Kardinal Besuch bei Patriarch Athenagoras in Konstantinopel, 1963 erstes Zusammentreffen mit dem ungarischen Primas Kardinal Mindszenty in der US-Botschaft in Budapest. 1965–1980 Vorsitzender des vatikanischen Sekretariats für die Nichtglaubenden. 1966 Mitglied der »American Academy of Arts and Science«, 1968 Ehrenbürger von Wien, 1979 Ehrenbürger von St. Pölten. 1985 Annahme der Resignation als Erzbischof von Wien durch Papst Johannes Paul II.

Die auf den vorausgegangenen Seiten geschilderten, zum Teil Aufsehen erregenden Ereignisse rufen in uns die Erinnerung wach an jene Jahre, in denen unter dem Namen »Widerstandsbewegung« alles das zusammengefaßt wurde, was an Aktionen gegen die Tyrannei Hitlers damals unternommen wurde. »Widerstandsbewegung« ist daher eine Art Sammelbezeichnung für eine Reihe militärischer und ziviler Formen des Widerstandes gegen alle Arten menschlicher Ungerechtigkeit und Brutalität in der sogenannten nationalsozialistischen Ideologie. Es gab damals Gruppen und Einzelpersonen sowohl in Deutschland, Frankreich, Österreich, besonders aber kam es in den besetzten Gebieten des östlichen Europas wie Polen, Weißrußland, Rußland und der Ukraine zu systematischen Widerständen, die nicht nur die Verteidigung der Heimat sich zum Ziel gesetzt hatten, sondern leider auch Racheakte für erlittenes Unrecht durchführten.

Der Rassenwahn, der sich nicht nur gegen die Juden in West- und Osteuropa wandte, löste den zivilen und militärischen Widerstand auf einer ganz breiten Ebene aus. Im

Bereich der katholischen Kirche gab es am Anfang wenig, später aber immer deutlichere Formen des Widerstandes. Es waren einerseits bischöfliche Dokumente und Hirtenbriefe, es waren Predigten und Ansprachen wie die von Kardinal Clemens August Graf von Galen in Münster, die offen gegen die Tötung Unschuldiger und unheilbar Kranker Stellung bezogen. Es wurden wiederholt von kirchlichen Führungskräften Erklärungen abgegeben, die nicht nur die nationalsozialistische Ideologie als gegen das Christentum gerichtet demaskierten, sondern gleichzeitig auch die Verfolgungen aus rassischen Gründen als unmenschlich hinstellten. An der sogenannten Basis gab es eine Vielfalt kleinerer und größerer Widerstandsgruppen. Als Beispiel weise ich etwa hin auf die studentische Widerstandsgruppe in München, die unter dem Namen »Weiße Rose« bekannt wurde. In Verbindung damit wurden die Geschwister Hans und Sophie Scholl nach einem Volksgerichts-Schnellverfahren hingerichtet. Das geschah am 22. Februar 1943, und kurz vor ihrem Tod hatte Sophie einer Mitgefangenen gegenüber geäußert, sie glaube, das, was sie getan habe, werde Tausende aufrütteln und wach werden lassen. Im Bereich der evangelischen Christen in Deutschland war es die »Bekennende Kirche«, die den Nationalsozialismus als antichristliche und heidnische Weltanschauung ablehnte. Die in Frankreich entstandene »Résistance« überwand die passive Einstellung weiter Gebiete und vieler einflußreicher Personen, die der Regierung von Vichy nahestanden.

In der deutschen Wehrmacht selbst wuchs der Widerstand gegen eine ungerechte und das Gemeinwohl zerstörende Staatsführung. Namen wie Ludwig Beck, bis 1938 Generalstabschef des deutschen Heeres, oder Carl Friedrich Goerdeler, früherer Oberbürgermeister von Leipzig, die beide die deutsche Widerstandsbewegung anführten, sind bekannt. Claus Schenk Graf von Stauffenberg, der als deutscher Offizier die Verbindung zur zivilen Widerstandsbewegung aufgenommen hatte, wurde ein Opfer des am 20. Juli 1944 mißglückten Attentats gegen Hitler.

Um verschiedenen Anwürfen, die in letzter Zeit gegen Österreich gerichtet wurden, vorzubeugen, möchte ich darauf aufmerksam machen, daß sich in unserem Land – wie ich aus eigener Erfahrung als ehemaliger Kaplan in St. Pölten weiß – kleinere und größere Widerstandsgruppen gebildet hatten. Von den Österreichern, die aus Liebe zur Heimat und aus Treue zu ihrem Glaubensbekenntnis zum Tod verurteilt wurden, nenne ich drei im Ausland wenig bekannte Namen:

– der Oberösterreicher Franz Jägerstätter, der sich geweigert hatte, als Soldat in der deutschen Wehrmacht zu dienen, und der als Vater von mehreren Kindern in einer intakten Familie ohne Aufsehen, aber mutig und tapfer den Tod auf sich genommen hat,
– der Klosterneuburger Chorherr Pater Roman Scholz, Anführer einer Widerstandsgruppe, und
– der Wiener Kaplan Dr. Heinrich Maier aus Gersthof.

Diese und ähnliche Beispiele werfen die Frage auf, wieweit es ein Widerstandsrecht und wieweit es eine Widerstandspflicht geben kann.

Die Frage des Widerstandsrechts ist in der Geschichte der Christenheit bereits zur Zeit der Kirchenväter, das heißt in den ersten christlichen Jahrhunderten, behandelt worden. Die Christenverfolgungen jener Zeit und der damalige Widerstand der Christen hatten manch ähnliche Fragen aufgeworfen. In jener Frühzeit hatte man bereits unterschieden zwischen einem passiven und einem aktiven Widerstand. Dabei könne es sich – so meinte man damals – sowohl um eine legale wie auch um eine illegale Staatsführung oder Staatsmacht handeln. Der passive Widerstand, der fallweise in einen aktiven übergehen konnte, dürfe – so sagte man – nicht in einer bloß subjektiven Auffassung gründen, sondern es müsse sich um objektiv feststellbare Tatsachen des Unrechts handeln, die allgemein bekannt sind. Wenn in der Frühzeit die Fragen der christlichen Gewissens- und Glaubensfreiheit im Vordergrund standen, so wurde in den späteren Zeiten einer christlichen Staatenbildung der Sachverhalt ausgedehnt

auf das menschliche Widerstandsrecht gegen Formen der Tyrannei und der Mißachtung allgemeiner Freiheits- und Menschenrechte. Die Frage der Widerstandspflicht führte zu einem besonderen Sachverhalt, den man allgemein als Notwehr bezeichnen kann. Notwehr als Widerstandspflicht im engeren Sinn ergibt sich dann, wenn es sich um die Verteidigung des eigenen Lebens oder gleichwertiger Güter handelt.
Geschichtlich betrachtet, hat man zur Rechtfertigung der Notwehr drei Voraussetzungen genannt:

1. Wenn es sich um Mißachtung der Menschenrechte im allgemeinen handelt, und zwar unmittelbar und für jeden erkennbar.
2. Wenn es sich um schwere Gefährdung der allgemeinen und öffentlichen Wohlfahrt handelt; das heißt, wenn es um die höchsten Güter des Landes und der menschlichen Gemeinschaft geht.
3. Wenn alle Rechtsmittel des legalen Widerstandes erschöpft sind. Auf unsere Zeit angewandt: wenn es keine Möglichkeit eines legalen Widerstandes oder einer legalen Änderung der Situation gibt.

Daß es einen rechtlich erlaubten, jeweils auch einen gebotenen Widerstand gegen unerlaubte, ethisch und moralisch verwerfliche Akte der Staatsgewalt geben kann, dafür ließen sich zahlreiche Stellen aus der Heiligen Schrift anführen. So ist etwa die Antwort der Apostel (apg 4,19) an die Richter des Hohen Rates ein Hinweis: »Ob es vor Gott recht ist, mehr auf euch zu hören als auf Gott, das entscheidet selbst.« – Im Mittelalter und in der frühen Neuzeit wurde die Tötung eines Tyrannen, das heißt einer tyrannischen Obrigkeit, im Interesse des Gemeinwesens als erlaubt angesehen. Als Begründung wurde angeführt, daß der eigentliche Träger der Staatsgewalt das Volk selber sei. Dabei ist natürlich auch darauf Rücksicht zu nehmen, daß in einer solchen Sache nicht nur ein bewußter oder gewollter Mißbrauch möglich ist, sondern daß ebenso ein im speziellen

Fall unüberwindbarer Gewissensirrtum vorhanden sein kann.

Bei dem, was im vorliegenden Buch dargelegt wird, handelt es sich nicht nur um die Frage gesetzlicher internationaler Normen, sondern es geht um jene Grundvoraussetzung, auf der eine gesetzliche Ordnung basiert. Es sind dies die sittlichen Grundsätze der menschlichen Würde und Freiheit, die dem Menschen als Geschöpf Gottes unauslöschbar und unaustilgbar eigen sind. Dies führt dann zur Feststellung: Jede Grundlage menschlicher Würde und Freiheit ist nur dann unantastbar dem Menschen eigen, wenn eine religiöse Orientierung des Menschenbildes und des Weltbildes gegeben ist.

Kard. König

Bibliographie

Arsenijevic, Drago: Otages volontaires des SS, Editions France-Empire, Paris.

Binder, Gerhart: Geschichte im Zeitalter der Weltkriege, Seewald-Verlag, Stuttgart.

Bonjour, Edgar: Geschichte der schweizerischen Neutralität, Helbing & Lichtenhahn, Basel.

Buchheim, Hans / Brozat, Martin / Jacobsen, Hans-Adolf / Krausnick, Helmut: Anatomie des SS-Staates, Walter-Verlag, Olten.

Camps de concentration en Allemagne, CICR, Genève.

Cartier, Raymond: Der Zweite Weltkrieg, Piper Verlag, München.

Domarus, Max: Hitler: Reden und Proklamationen 1932–1945, Süddeutscher Verlag, München.

Durand, André: De Sarajevo à Hiroshima, Institut Henri Dunant, Genève.

Gagern, Friedrich von: Der Retter von Mauthausen, Agathon Verlag, Wien.

Gosztony, Peter: Endkampf an der Donau 1944/45, Verlag Fritz Molden, Wien/München/Zürich.

Huber, Max: Rotes Kreuz, Atlantis-Verlag, Zürich/Berlin.

Jost, Hans Ulrich: Geschichte der Schweiz und der Schweizer, Helbing & Lichtenhahn, Basel/Frankfurt a/M.

Maršálek, Hans: Die Geschichte des Konzentrationslagers Mauthausen, Österreichische Lagergemeinschaft, Wien.

Matt, Alphons: Zwischen allen Fronten, Huber Verlag, Frauenfeld.

Matt, Alphons: Hat es sich gelohnt? Ringier, Zürich/München.

Michelet, Edmond: Die Freiheitsstraße, Europa-Contact-Gesellschaft für intereuropäische Beziehungen, Stuttgart.

Müller, Josef: Bis zur letzten Konsequenz, Süddeutscher Verlag, München.

Rapport du Comité International de la Croix Rouge sur son activité pendant la seconde guerre mondiale, CICR, Genève.

Rothfels, Hans: Die deutsche Opposition gegen Hitler, Fischer Bücherei, Frankfurt a/M./Hamburg.

Schnabel, Reimund: Macht ohne Moral, Röderberg-Verlag, Frankfurt a/M.

Trost, Ernst: Figl von Österreich, Amalthea-Verlag, Wien/München.

Die Wehrmachtsberichte 1939–1945, dtv, München.

Wiesenthal, Dipl.-Ing. Simon: KZ Mauthausen, Ibis-Verlag, Linz/Wien.

Bildnachweis

S. 128: Ringier Dokumentationszentrum, Foto: Sven Nackstrand

S. 51, 78, 79, 83: mit freundlicher Genehmigung von Simon Wiesenthal

Alle weiteren Abbildungen: Louis Haefliger und Alphons Matt